城市群重大公共安全事件应急指挥协同研究

郭景涛 著

·广州·

版权所有　翻印必究

图书在版编目（CIP）数据

城市群重大公共安全事件应急指挥协同研究/郭景涛著. —广州：中山大学出版社，2020.7

ISBN 978 - 7 - 306 - 06896 - 5

Ⅰ.①城…　Ⅱ.①郭…　Ⅲ.①城市群—公共安全—应急系统—指挥系统—研究—中国　Ⅳ.①D630.8

中国版本图书馆 CIP 数据核字（2020）第 113896 号

出 版 人：	王天琪
策划编辑：	高惠贞
责任编辑：	靳晓虹
封面设计：	刘　犇
责任校对：	姜星宇
责任技编：	何雅涛
出版发行：	中山大学出版社
电　　话：	编辑部 020 - 84111996，84113349，84111997，84110779
	发行部 020 - 84111998，84111981，84111160
地　　址：	广州市新港西路 135 号
邮　　编：	510275　　传　真：020 - 84036565
网　　址：	http://www.zsup.com.cn　E-mail：zdcbs@mail.sysu.edu.cn
印 刷 者：	佛山市浩文彩色印刷有限公司
规　　格：	787mm×1092mm　1/16　12.25 印张　194 千字
版次印次：	2020 年 7 月第 1 版　2020 年 7 月第 1 次印刷
定　　价：	50.00 元

如发现本书因印装质量影响阅读，请与出版社发行部联系调换

本书是内蒙古自治区哲学社会科学规划项目后期资助课题"城市群重大公共安全事件应急指挥协同研究"（2017ZHQ156）的研究成果。

前　言

近年来，中国政府已把城市群作为国家发展的重大战略，《国民经济和社会发展第十一个五年规划纲要》指出，要把城市群作为推进城镇化建设的主体形态，《国民经济和社会发展第十二个五年规划纲要》进一步提出"两横三纵"的城市化发展战略格局。随着城市化进程的加快，城市规模不断扩张，人口、建筑物高度密集，一旦在城市群中发生重大公共安全事件，其危害性是在其他任何地区都不可比拟的，对国家和社会造成的损失与破坏是不可估量的。城市群重大公共安全事件的发生会对相关区域整体公共安全和经济社会的可持续发展构成严重威胁。其扩散、演变过程涉及多主体、多维度，多因素交互作用，是一个非线性的复杂大系统。因此，实现城市群中各城市应急资源的合理配置就显得非常重要，其中的关键问题是如何优化设计应急指挥协作关系。

本书以城市群重大公共安全事件应急指挥协同为研究目标，选取应急指挥组织结构作为突破口。首先，阐述城市群重大公共安全事件应急指挥及其要素构成，在此基础上研究城市群重大公共安全事件应急指挥的组织框架及实现路径，进而揭示城市群重大公共安全事件应急指挥协同的三种模式。其次，在设计城市群应急指挥组织协作网的基础上，对城市群应急指挥组织决策树进行了描述和分析，并构建了数学模型。最后，分别以长三角和珠三角城市群为案例分析对象，应用应急指挥决策模型和算法对两个城市群的重大公共安全事件应急指挥关系进行了优化设计，验证了城市群各结点城市之间的应急指挥有效协作。

本书的主要研究内容为：

（1）在梳理应急指挥协同理论与方法的基础上，结合对城市群重大公共安全事件和城市群重大公共安全事件应急指挥概念的界定，分析了城市群重大公共安全事件应急指挥的构成要素，并指出了各要素之间的联系。

（2）对城市群重大公共安全应急指挥组织框架进行了深入分析，

包括城市群重大公共安全应急指挥系统的构成、城市群重大公共安全应急指挥体系，并在此基础上，分析城市群重大公共安全应急指挥的实现路径。

（3）界定了城市群重大公共安全事件应急指挥协同的概念、特征及构成要素，在此基础上，分析应急指挥协同的三种模式，并进一步指出城市群重大公共安全事件应急指挥协同的核心问题，即基于网络的分布式应急指挥协同。笔者认为，可通过构建城市群重大公共安全事件应急指挥关系优化模型，实现城市群各结点城市应急指挥中心之间的有效协作。

（4）在城市群应急指挥组织协作网设计的基础上，对城市群应急指挥组织决策树进行了描述和分析，定义了城市群应急指挥组织内的间接外部协作和指挥组织总的工作负载，由此给出了城市群应急指挥组织决策树设计的数学描述。利用最小割树（Gomory-Hu tree）生成算法，对城市群应急指挥组织决策树进行求解，分析了算法在解决决策树生成问题上的复杂性与计算结果，并分别以长三角和珠三角城市群为案例分析对象，利用该模型和算法对两个城市群的重大公共安全事件应急指挥关系进行了优化设计。结果表明，通过该模型和算法设计，实现了长三角、珠三角城市群各城市应急指挥中心最小化协作量的优化目标，构建了新的应急指挥关系设计方案，从而实现各城市应急指挥中心最佳的协作关系，建立起有效的应急指挥组织体系。

目 录

绪 论 …………………………………………………… (1)
 一、研究背景及意义 …………………………………… (1)
 二、国内外相关领域研究综述 ………………………… (6)
 三、逻辑框架与技术路线 ……………………………… (24)

第一章 相关基础理论与方法 ……………………… (27)
 第一节 协同学理论及管理协同理论 ………………… (27)
  一、协同学及其应用 ………………………………… (27)
  二、协同学的主要原理 ……………………………… (28)
  三、管理协同理论 …………………………………… (29)
 第二节 军事组织协同理论 …………………………… (29)
  一、军事组织的协同域 ……………………………… (30)
  二、群决策与协同决策 ……………………………… (31)
 第三节 指挥控制（C2）组织设计理论 ……………… (33)
  一、指控组织的基本概念 …………………………… (34)
  二、指控组织的分层描述 …………………………… (35)
  三、指控组织的设计流程 …………………………… (36)
 第四节 应急指挥协同研究的方法 …………………… (37)
  一、Petri 网交互模型分析方法 …………………… (37)
  二、双层规划协同决策方法 ………………………… (40)
  三、基于信息熵法的应急指挥协同决策 …………… (44)

第二章 城市群重大公共安全事件应急指挥内涵 …… (51)
 第一节 城市群重大公共安全事件的概念界定 ……… (51)
  一、城市群重大公共安全事件的概念 ……………… (52)
  二、城市群重大公共安全事件的内涵 ……………… (54)

三、与城市重大公共安全事件的比较分析……………（57）
　　四、城市群重大公共安全事件的特征分析……………（60）
　第二节　城市群重大公共安全事件应急指挥的本质与
　　　　　特征………………………………………………（64）
　　一、应急指挥的概念………………………………………（64）
　　二、应急指挥的特征………………………………………（65）
　第三节　城市群重大公共安全事件应急指挥要素分析………（68）
　　一、城市群重大公共安全事件应急指挥要素的本质与
　　　　属性………………………………………………（69）
　　二、城市群重大公共安全事件应急指挥要素的构成……（70）
　　三、城市群重大公共安全事件应急指挥各要素的
　　　　分析………………………………………………（71）
　　四、城市群重大公共安全事件应急指挥要素对应急指挥的
　　　　影响………………………………………………（73）
　　五、城市群重大公共安全事件应急指挥各要素之间的
　　　　关系………………………………………………（75）

第三章　城市群重大公共安全事件应急指挥组织框架……（77）
　第一节　城市群重大公共安全事件应急指挥系统的构成……（77）
　　一、应急指挥人员…………………………………………（77）
　　二、应急指挥机构…………………………………………（78）
　　三、应急指挥手段…………………………………………（79）
　第二节　城市群重大公共安全事件应急指挥体系……………（80）
　　一、城市群重大公共安全事件应急指挥体系的主要
　　　　特点………………………………………………（80）
　　二、城市群重大公共安全事件应急指挥体系的组成……（82）
　　三、城市群重大公共安全事件应急指挥关系……………（84）
　第三节　城市群重大公共安全事件应急指挥的实现路径……（86）
　　一、城市群重大公共安全事件应急指挥基本活动………（86）
　　二、城市群重大公共安全事件应急指挥方式……………（89）
　　三、城市群重大公共安全事件应急指挥流程……………（91）
　第四节　重大公共安全事件应急指挥组织典型案例分析……（94）
　　一、2008年汶川地震波及的城市群………………………（94）

二、汶川地震应急指挥系统的构成 …………………………… (98)
三、汶川地震各级应急指挥机构的运转 ……………………… (104)

第四章 城市群重大公共安全事件应急指挥协同模式 … (109)
第一节 城市群重大公共安全事件应急指挥协同概述 …… (109)
一、应急指挥中协同的定义 …………………………………… (110)
二、应急指挥中协同的特征 …………………………………… (112)
三、应急指挥中协同目标实现的条件 ………………………… (113)
四、应急指挥中协同的构成要素 ……………………………… (116)
第二节 纵向协同模式——基于权威的集中式应急指挥
协同模式 ………………………………………………… (118)
一、纵向协同模式的定义 ……………………………………… (118)
二、纵向协同模式的特征 ……………………………………… (120)
第三节 横向协同模式——基于协商的分散式应急指挥
协同模式 ………………………………………………… (121)
一、横向协同模式的定义 ……………………………………… (121)
二、横向协同模式的特征 ……………………………………… (122)
第四节 基于网络分布式的应急指挥协同结构 …………… (123)
一、基于复杂系统的应急指挥协同结构 ……………………… (124)
二、基于战术指挥的协同结构 ………………………………… (126)
三、基于信息流的应急指挥协同结构 ………………………… (126)
第五节 城市群重大公共安全事件应急指挥协同模式
分析 ……………………………………………………… (127)
一、纵向主导模式 ……………………………………………… (127)
二、横向主导模式 ……………………………………………… (127)

第五章 城市群重大公共安全事件应急指挥组织协同
设计 ……………………………………………………… (130)
第一节 城市群重大公共安全事件应急指挥组织实体概念及
属性分析 ………………………………………………… (130)
一、城市群重大公共安全事件应急指挥平台 ………………… (131)
二、城市群重大公共安全事件应急决策实体 ………………… (132)
三、城市群重大公共安全事件应急救援任务 ………………… (135)

第二节　城市群重大公共安全事件应急指挥组织结构层次设计
　　　　描述 ·· (136)
　一、第一层次：应急救援任务计划 ······················· (137)
　二、第二层次：应急指挥组织协作网 ····················· (139)
　三、第三层次：应急指挥组织决策树 ····················· (140)
第三节　城市群重大公共安全事件应急指挥协同关系
　　　　设计 ·· (142)
　一、基于决策树的城市群重大公共安全事件应急指挥协同
　　　关系模型 ··· (142)
　二、组织决策树的生成算法及其设计优化步骤 ········· (146)
第四节　案例应用1：长三角城市群重大公共安全事件应急
　　　　指挥关系设计 ······································ (149)
　一、长三角城市群的总体概况 ···························· (150)
　二、长三角城市群重大公共安全事件应急指挥关系优化
　　　设计 ·· (153)
第五节　案例应用2：珠三角城市群重大公共安全事件应急
　　　　指挥关系设计 ······································ (159)
　一、珠三角城市群的总体概况 ···························· (159)
　二、珠三角城市群重大公共安全事件应急指挥关系优化
　　　设计 ·· (161)

总结与展望 ·· (167)
　一、主要研究结论 ··· (167)
　二、主要创新点 ·· (168)
　三、研究的局限性与下一步研究计划 ····················· (169)

参考文献 ·· (171)

后　记 ·· (186)

绪　　论

一、研究背景及意义

（一）研究背景

城市群的形成已成为当代区域经济发展中存在的一个普遍现象，城市群整体发展要优于群内个体独自发展，城市群发展为所在区域带来的经济规模效应十分明显，这点已由发达国家城市群发展的实践所证明。在全球城镇化和经济全球化进程加快的双重过程中，中国城市化进程势不可挡，国内各区域经济之间的竞争也愈趋明显，国内各省份也竞相把城市群作为促进地方经济发展的重要手段。近几年来，在新的全球化时代背景下，中国政府已将城市群作为国家发展的重大战略，城市群将成为未来中国城市化发展的主要形态。因此，城市群发展的成熟度对于我国国际竞争力及国际形象的提升有着深刻的影响。

我国目前比较成熟的城市群有京津冀、长三角和珠三角三大城市群；此外，还有正快速发展的多个城市带和大城市圈。随着城市群数量的不断增加、城市群规模的快速扩张，在强有力地推进区域经济发展的同时，也形成了人口的高度集聚和建筑物的高度密集等，这就增强了城市群发生重大公共安全事件的风险。一旦在城市群中发生重大公共安全事件，其造成的损失和带来的危害是超过在其他任何地区发生的，同时对城市造成的相关损失和破坏也是不可估量的。如 2001 年美国纽约"9·11"恐怖袭击事件，不仅造成了重大的经济损失，而且对美国政治和社会都产生了重大影响，甚至造成了全球经济的萧条；2005 年美国新奥尔良"卡特里娜"飓风，给美国造成的经济损失超过 810 亿美元；2011 年日本大地震，不仅造成了重大的经济损失，而且强震导致日本福岛第一核电站发生爆炸，从而引发国际核危机。近些年，中国涉及城市群的重大公共安全事件时有发生，如2003年年初爆发的非典型肺炎事件、2005年松花江水污染造成的哈尔滨市停水事件、2007年的无锡蓝藻事件、2008年年初南方部分地区的雨雪冰冻灾害、2020年的新冠肺炎疫情等。当今世界各国政府对城市重大突发事件给予了极大的关注，从理论研究、技术应用到法律法规的制定，均取得了显著成果。中国政府也格外重视对城市突发事件的应急处置与应急管理能力的提升，加紧建立和完善应急管理体系及快速反应动员机制。[1]

公共安全是当代学科研究中的一个新兴的概念。当代社会对公共安全问题的相关研究主要是从法学、社会学、管理学、心理学、政策理论等不同学科理论的角度展开的。公共安全是由国家政治安全、国家军事安全、国家经济安全和国家文化安全四个方面构成的统一体系。从现代政府职能的角度看，所谓公共安全是指政府运用公共权力为社会公众提供的保障其人身权及财产权的一种状态与过程。公共安全管理问题对当代政府管理提出了全新的挑战。[2]

重大公共安全事件，是一种非常态下的突发事件，更多地表现为全新危害、全新类型。重大公共安全事件的特征主要表现为耦合性、衍生性、快速扩散性和传导变异性等，[3] 因此，其应对的解决方案与常态下的突发公共安全事件相比，就会存在很大的差异。一般地，重大公共安全事件的引发风险因素包括自然灾害、公共卫生事件、重大生产事故和社会安全事件等。公共安全与应急管理成为一个复杂的、开放的、巨大的系统工程。[4] 因此，本书研究的是由某一个或多个风险因素引发的覆盖城市群的重大公共安全事件应急指挥协同问题。

2011年3月发生的日本大地震是典型和罕见的重大公共安全事件。这次事件呈现出一些新特性，重大公共安全事件的四类特征在此次事件

---

[1] 佘廉、孙香勤：《国内外重大突发事件管理模式分析》，载《交通企业管理》2005年第11期，第11－12页；佘廉、马颖、王超：《我国政府重大突发事件预警管理的现状和完善研究》，载《管理评论》2005年第11期，第35－40页。

[2] 佘廉、黄超：《突发事件案例生成理论与方法》，科学出版社2017年版，第1－2页。

[3] 钱刚毅、佘廉、张凯：《重大公共安全事件的预警及应急管理：现实挑战与发展建议》，载《科技进步与对策》2009年第12期，第25－28页；王超、佘廉：《社会重大突发事件的预警管理模式研究》，载《武汉理工大学学报（社会科学版）》2005年第1期，第26－29页。

[4] 范维澄、闪淳昌等：《公共安全与应急管理》，科学出版社2017年版，第15页。

中以非常复杂的机理耦合,迅速扩散、传导并发生变异,尤其是地震海啸所引发的核公共安全危机更是引起了国际社会的关注,这值得我们注意和研究。由于很难对地震进行准确预测,如地震何时发生、震级和烈度为多大等,这些信息都极为不确定。而且地震发生之后,灾害事件将沿着何种途径扩散,会进一步造成怎样的次生灾害,会与怎样的社会和环境因素耦合演变成新的灾害也不明确。面对这种复杂多变的情况,常态下的应急救援路径与通信技术基本失效。因此,对此类重大公共安全事件,只有充分调动国家和社会资源,并且实现上下协同,倾力合作,才能合理应对。

(二)研究意义

重大公共安全事件具有突发性、破坏性、持续性和衍生性等特征,这些特征决定了重大突发事件应急资源管理的复杂性远远超出一般规模的突发事件。重大公共安全事件发生后,单座城市应对重大公共安全事件的能力有限,必须实现有效协同指挥才能应对危机。

1. 城市群将成为未来中国城市化发展的主要形态

城市群是国家主体功能区划中的重点开发区,是未来中国最具潜力和活力的经济发展核心与增长极点,是加快推进城镇化进程的主体形态。因此,近年来,中国政府已将城市群协同发展作为国家区域经济发展的重大战略,在"十一五"规划纲要中就已提出要将城市群的发展建设作为推进城镇化的主体形态;在"十二五"规划纲要中又提出要依托大城市,重点发展中小城市,逐步发挥城市群的辐射作用。

通过分析总结世界城市群发展的经验和中国目前城市群的发展形势,我们可以看出,城市群强大的经济规模效益和经济聚集效益,有利于在城市群内进行资源优化配置,有利于城市经济社会的可持续发展,它符合中国人多地少的国情,因此将成为中国未来城市化发展的主要形态。

2. 城市群重大公共安全事件的严重危害引起国家的高度重视

覆盖城市群的重大公共安全事件破坏性严重,具有明显的复杂性特征,并存在引发次生、衍生危害的风险,政府采用常规管理方式和手段难以有效地应对。

鉴于重大公共安全事件破坏性极其严重的特性,我国政府高度重视其应急管理工作。自2003年以来，我国政府不断加强和完善应急管理的预案和机制、法制、体制建设，逐渐形成了以"一案三制"为核心框架的政府应急管理体系。城市群重大公共安全事件可能带来的灾难性损失，要求政府应采取有效的应急管理手段和措施。因此，针对城市群政府应急管理方面的研究也是国家中长期科学和技术发展规划战略的重要领域之一。

3. 城市群重大公共安全事件的应对需要多主体协同

由于重大公共安全事件的复杂性特征，人类很难精确地把握其演化、蔓延的规律，对出现什么样的事件状态、这些状态出现的可能性及其造成的危害程度等缺乏足够的知识，很难进行事先预测，从而有效地采取预防措施。[①] 重大公共安全事件的应对是一项囊括事态控制、抢救生命、治疗伤员、物资供应、生活保障、紧急转移等综合性很强的工作，需要诸多相关部门各尽其责、协同配合，共同开展应急行动。目前，我国应急管理基本都是分灾种、分部门和分系统建立的，虽然成立了政府应急综合协调机构（各级应急管理办公室），但是条块之间的管理体制不同，缺乏有效整合和统一协调。另外，重大突发公共安全事件涉及多种灾害，而应急处置工作跨地区、跨行业，且应急救援工作中往往存在职责不明、机制不顺、针对性不强等问题，因此难以协同作战，发挥整体救援的能力。

重大公共安全事件的复杂性给应急决策带来了新的困难，故应充分利用和发掘各领域知识、各方面信息、各种技术措施，来建立信息共享、分工明确、统一指挥、协同联动等应急管理机制，进行多方协调、一致应对，并合理优化资源配置。这是一个核心问题，在城市群重大公共安全事件应急管理链条中的重要性尤显突出。

综上所述，关于城市群重大公共安全事件的研究是非常复杂的理论问题，主要包括两个核心问题：一是如何有效应对原生事件及其次生、衍生事件，二是如何实现城市群内多主体应急指挥协同的问题。[②] 因为

---

① 佘廉、吴国斌：《突发事件演化与应急决策研究》，载《交通企业管理》2005年第12期，第4-5页。

② 郭景涛、佘廉：《基于组织协作网城市群应急指挥关系优化设计——以长三角城市群为例》，载《北京理工大学学报（社会科学版）》2016年第1期，第115-120页。

重大公共安全事件发生之后，单个城市的应急资源、应急能力都是有限的，所以实现城际应急资源的联动与共享显得非常重要。若能在信息协同的基础上优化城市群应急管理主体的工作流程，增加城市应急管理主体与通信、装备、医疗等应急组织单元相互之间的联系，同时还须有应急资源做保障，则最终才可实现应急组织指挥协同的目标。

本书基于常态管理与非常态管理相结合、预警与应急并行的应急管理思想，从应急管理实践入手，结合国内外相关研究成果与实践经验，对城市群重大公共安全事件应急指挥协同问题进行研究。

（1）城市群重大公共安全事件应急指挥概念体系的建立，包括城市群重大公共安全事件、城市群重大公共安全事件应急指挥和城市群重大公共安全事件应急指挥协同等，从而形成完整的概念体系，为下一步研究奠定概念基础。

（2）城市群重大公共安全事件应急指挥组织框架的构建，包括构建城市群重大公共安全应急指挥系统及应急指挥体系，并进一步分析了其实现路径。同时，还较为完整地梳理了城市群重大公共安全事件应急指挥的理论体系。

（3）分析城市群重大公共安全事件应急指挥协同的三种模式，即纵向基于权威的集中式应急指挥协同模式、横向基于协商的分散式应急指挥协同模式和基于网络的分布式应急指挥协同模式。

（4）将军事指挥、指挥控制相关理论应用到本研究中，利用分层描述与设计方法来分析城市群重大公共安全事件应急指挥组织问题，并用数学模型设计了城市群应急指挥组织决策树，利用 Gomory-Hu tree 生成算法对城市群应急指挥组织决策树进行求解，分析了算法在解决决策树生成问题上的复杂性与计算结果。进一步搜集统计数据，分别以长三角和珠三角城市群为案例分析对象，利用该模型和算法进行了实证研究。并对如何优化这两个城市群的重大公共安全事件应急指挥关系进行了分析，从而实现城市群中各个结点城市应急指挥中心之间的有效协作。

本研究的实践意义在于，结合我国城市群发展的实际社会环境特征，应用城市群重大公共安全事件应急指挥协同模式研究所涉及的相关理论，在城市群重大公共安全事件发生时，应急指挥决策者面临复杂多变的决策情境下，为其提供应急决策辅助支持；通过优化设计，建立基于协同的城市群重大公共安全事件应急指挥组织结构，从而提供优化重大公共安全事件应急指挥与处置的新思路与新方法。

二、国内外相关领域研究综述

进行文献综述的目的在于，整理和分析拟研究主题中已经被国内外学者思考和研究过的信息，从中了解国内外其他学者对拟研究主题的思考与研究的现状。同时，聚焦研究主题，以便更好地了解现有研究的盲点与不足，并从中提炼课题研究的科学问题。

笔者通过检索、查阅中外文献数据库发现，目前，与"城市群公共安全"这一主题相关的研究还很少。国内外学者主要是研究单座城市，特别是大城市应急管理模式、城市应急指挥系统的构建、城市突发事件的应急联动机制建设等方面。因此，笔者重点搜索并总结了这几个方面的文献，以期通过国内外对城市公共安全事件应急指挥理论研究的综述，为研究该问题提供借鉴和帮助。

（一）国外相关领域研究综述

目前，国外对危机管理的研究已经达到较高的水平[1]，学者们在危机管理研究方面，由最初单纯探讨自然灾害或政治危机发展到对危机管理的全方位研究。

从公共危机管理的演进过程来看，高恩新等梳理了1985年以来国际关于公共危机管理研究主题、理论的发展过程，认为当前公共危机管理理论研究呈现三个明显的特征：不同时期研究对象有明显的变化；研究主题相对稳定，危机响应、风险感知等研究主题一直受到持续的关注；还不存在一个独立的、系统的公共危机管理研究体系。[2]

1. 国外公共安全事件概念研究

我国所说的"公共安全事件（或突发事件）应急管理"，国外理论

---

[1] 蒋宗彩：《国内外公共危机管理研究现状及评述》，载《电子科技大学学报（社科版）》2016年第2期，第23－28页。
[2] 高恩新、赵继娣：《公共危机管理研究的图景与解释——基于国际文献的分析》，载《公共管理学报》2017年第4期，第141－152＋160页。

界一般称之为"危机管理"。国外关于公共安全事件的研究主要是围绕三个主题展开的，即灾难（disaster）、紧急事件（emergency，有时译为突发事件）、危机（crisis）。实际上，在国外学者的研究中，这三个概念在一定的情境下具有等同的意义，但在特定环境下又有所差异。下面根据国外危机管理理论的发展阶段，对一些具有代表性的概念界定进行分析与归类。

总的来说，对于危机的概念界定经历了这样一个过程。①萌芽阶段：20世纪60年代至80年代。研究国家关系和国际政治的美国学者，首先提出危机管理理论。之后，日本学者将其研究和应用扩展到本国经济领域。对于危机管理理论的研究，早期西方学术界主要集中在两个主题，即自然灾害和政治危机上。②快速发展阶段：20世纪80年代至20世纪末。公共危机管理的理论与实践被进一步丰富，将宏观社会经济领域发生的各种危机问题也纳入研究范畴；美国学者在20世纪80年代中后期开始研究一般性工商企业遭遇突发事件后的紧急应对方式。在这个阶段，国外学者Herman和Rosenthal等人提出了危机的概念。③完善与成熟阶段：20世纪末至今。由于各类公共危机事件的频繁发生，公共危机管理的研究出现了第二个高潮，为此，许多国家设置了专门的危机管理研究机构。[①] 这一时期，西方危机管理理论与实践逐渐成熟并完善，罗伯特·希斯对危机的概念也做了进一步的阐释。

国外关于公共安全事件的另一个重要概念是灾难。Keller（1997）等从量上对灾难进行了定义，他们指出，一个在短时间内造成十人及以上人员伤亡的事件可以被称为灾难。亚洲灾难减缓中心（Asian Disaster Reduction Center）从社会功能严重受损的角度对灾难进行了界定。[②] Parker（1992）认为灾难是指自然或技术因素而导致的重大经济损失、大规模的人员伤害、使得社会正常生活中断的事件。该定义是学术界较为认可的。而Turner和Pedgeon（1997）指出，迄今为止，还没有一个能让学术界普遍接受的"灾难"的定义，而对于灾难的分类也是学者们比较关注的问题。根据Shaluf的分类，灾难通常被划分为自然灾难与

[①] Erick S and Dan H, "Crisis Management in a Transitional Society: The Latvian Experience," *A Publication of the Crisis Management Europe Research Program*, Vol. 12 (2000).

[②] 资料来源：Center A D R, Glossary on Natural Disasters (2003), http://www.adrc.asia.

人为灾难两种（Shaluf, Ahmadun, 2006）。之后，Shaluf 进一步将灾难分为三种，即自然灾难、人为灾难和混合灾难，并描绘了灾难的结构图谱（Shaluf, 2007）。

"紧急事件"（emergency）是一个经常用的概念，首先应用于医学领域，相关的杂志有 Emergency Medicine Australasia、Academic Emergency Medicine 等，后来随着灾害、种族和国际冲突、流行性疾病的日益频繁，"紧急事件"这一概念逐渐被泛化，并广泛地应用于社会领域。[①][②]

2. 应急协同的概念、效率及案例研究

在国外城市危机管理理论与实践中，非常重视研究如何有效地协调政府各部门、各地方的行动，以消除条块分割、各自为政的现象。

（1）应急协同的概念研究。近 20 年来，国外学者从应急合作关系（Thomas, Drabek, & Gerard, 1991）、军民应急协作关系（Kjeldsens, 2006）、应急救援任务协作（Guido te Brake, 2008）等不同的角度对应急协同的概念进行了界定。

（2）应急协同效率的影响因素研究。长期以来，多主体应急协同机制对应急管理的重要性是国外学者高度关注的问题，是进一步研究应急协同效率的影响因素。许多国外学者也提出了应急协同效率的影响因素，如任务类别（Drabek, 1981）、事件状态（Quarantelli, 1988）、组织冲突（Comfort, 1990）、组织文化差异（Waugh, 2003）、核心信息（Comfort, 2004）、应急组织间的关系（Daniels, 2006）、应急协同环境（Bryson et al., 2006）、应急目标差异等。

此外，Drabek（1985）认为，应急预案的有效性、应急决策的高效性、应急指挥中心的权威性、应急决策方式的多主体性等因素均会对应急协同产生重要的影响。Comfort（2004）则强调影响应急协同的重要因素是核心信息的有效传递，并将灾害严重程度、应急响应战略等均归为应急协同的影响因素。Michael McGuire（2010）认为，影响应急组织协同的因素主要有应急组织结构的简化程度、事件严重程度理解的一致性程度、应急救援处置能力等。此外，一些学者也提出了其他应急协同

---

① Craig C, "A World of Emergencies: Fear, Intervention, and the Limits of Cosmopolitan Order," *Canadian Review of Sociology* 41, No. 4 (2004): 373 - 395.

② Taylor C, "Modern Social Imaginaries," *Public Culture* 14, No. 1 (2002): 91 - 123.

的影响因素,如应急知识能否有效共享(Lalonde & Marincioni,2007)、事前组织内部关系的紧密度(Mendonça, Jefferson, & Harrald, 2007)、应急指挥的有效性和科学性(Devitt, 2008)等。

(3) 城市应急协同的案例研究。在2001年美国纽约"9·11"恐怖袭击事件发生之后,国外学者开始搜集案例来研究应急协同问题,如McEntire(2002)整理了关于美国得克萨斯州沃茨堡市龙卷风事件的案例,并对其进行研究,认为限制应急协同效率的因素包括应急组织任务冲突、应急信息不对称、应急资源短缺和语言文化障碍等。Scott E. Robinson(2006)等对2005年"卡特里娜"飓风事件的案例进行分析,认为突发公共安全事件应急规范和标准的差异性、应急阶段的差异性、应急组织间的关系等是影响应急协同效率的因素。Kapucu(2008)通过对2004年发生在美国佛罗里达州的"查理"(Charley)、"伊万"(Ivan)、"法拉西"(Frances)、"杰尼"(Jeanne)四个龙卷风事件的案例分析,提出能够改善应急协同效率的因素,包括科学合理的应急预案、应急主体有效的信息渠道和相关技术的有效采用等。Chen(2008)将灾害生命周期方法引入应急管理之中,提出了应急协同生命周期的框架,包括灾害前阶段、灾害处置阶段、灾害恢复阶段,并认为信息转移效率、应急救援任务分配、应急决策合理性、应急资源的配置等因素都会影响应急协同的效率。还有一些学者在进行相关研究的同时,也提出了诸如多主体常态化学习(Ali Farazmand, 2007)、应急互动学习(Margaret T. Crichton, 2009)等应急协同效率的影响因素。此外,Salama和Currier等认为应深入研究应急组织应对灾害的协同机制,特别是其在人员疏散和避难中的重要性,并增强各部门在灾害应对过程中的协同响应。

3. 应急协同技术研究

目前,多主体协同协作理论已成为应急模拟仿真、人工智能领域研究的重要工具,国外学者主要是基于协同机制和过程研究多主体协同技术(Multi-Agent, MA)。[①] 应急协同技术主要面向多主体应急平台的指挥决策人员,是研究多主体协同,通过合作、交互、协商、竞争等智能行为,在分布式开放的动态环境下完成复杂的任务求解的技术(Bond

---

① Sycara K P, "Multiagent systems," *AI Magazine* (1998): 79-92.

& Gasser, 1988)。

近年来, 协商是研究多主体之间达成对各自都有利的协同机制的主要方向, 其已经成为多主体协同研究中的一个重要分支。许多学者提出了相关理论和方法, 如 Rosenschein (1994) 等提出的基于对策论的理性协商理论, Kraus (1995; 2001) 等提出的最佳平衡协商理论, R. Smith (1996) 提出的合同网理论, Sandholm (1997; 2000) 等提出的多 Agent 结盟理论, Jennings (1995) 提出的基于协商中思维状态变迁的联合承诺理论, 以及 Sycara (2001) 提出的以劳资谈判为背景的协商理论, 等等。这些理论对多主体协商框架进行了多维度研究, 包括协商主体数目、交互方式、时间限制、协商议题数目、效用评价机制、环境信息知情权等。

4. 突发事件应急指挥系统理论和实践研究

西方发达国家在城市危机管理实践中形成了一套指挥统一、运转协调、综合调配、行动迅速的多层次、全方位的应急指挥体系。其中, 美国突发事件应急指挥系统 (Incident Command System, ICS) 最为成熟和先进, 它是一套在应急响应过程中指挥、控制、协调与整合各应急单位进行突发事件管理的方式, 是应急管理的重要组成部分。

从 20 世纪 90 年代中期起, 突发事件应急指挥体系已经成为美国联邦应急管理署重要的课程设置, 并被推广到全美的应急管理领域 (Bjgley & Roberts, 2001)。2004 年起, 美国国土安全部在《全国突发事件应急管理系统》中全盘采用突发事件应急指挥体系。突发事件应急指挥体系虽然最早在美国建立并使用, 但随后被运用到其他国家 (澳大利亚、新西兰、加拿大等) 突发事件的应急响应过程中, 所取得的效果都是比较令人满意的。因此, 包括日本、英国等在内, 许多的国家通过构建 ICS 来应对突发公共事件, 在注重吸收其核心思想的同时, 构建了适用于本国国情的突发事件应急救援指挥体系。国外的很多学者都认为 ICS 在突发事件现场应急指挥过程中具有明显的优势, 可以将其作为现代城市突发事件现场应急指挥救援的一个通用模式或标准。

国外学者也对 ICS 的理论和应用进行了相关研究。如 Bigley (2001) 等提出, 火灾现场应急指挥的标准化模式可按 ICS 建立, 该系统在复杂多变的应急环境中是具有高可靠性和高度组织性的, 在应急资源配置管理方面发挥了重要作用。Anderson (2004) 等则指出, 目前

ICS已成为美国国家应急指挥的标准模式,它规范了应急指挥体系的功能、结构、组成和运行机制等。Dick(2006)等认为,ICS具有五项组织功能,即指挥(command)、作业(operation)、计划(planning)、后勤(logistics)和财务(finance),其中指挥是核心功能,其他四项功能都是为应急指挥服务的。Annelli(2006)认为,美国国家事故管理系统是涉及多部门、多主体的模型,并研究了该模型在美国自然灾害(包括地震、洪水、飓风、火灾)应急管理中的应用。该模型提高了美国农业部应对各类突发事件的有效性。Kimberly(2011)总结了美国突发事件应急指挥系统和多部门协调系统(MACS)的发展及应用情况,分析了如何进一步开发ICS和MACS以扩展其在突发事件和自然灾害应急管理中的应用与协调作用。

也有很多学者关注ICS在突发流行性疫情中的应用。Adams(2010)等分析了2008年美国纽约拿骚县爆发的西尼罗病毒事件中ICS的应用。拿骚公共卫生部门成功地利用ICS实现了多部门的协调与信息资源的沟通,并指出,由于ICS具有清晰的指挥链、透明的组织结构,因此,政府在应对复杂多变的突发事件时能更加高效、统一。

综上所述,从文献分析来看,在理论与应用层面上,国外对于城市突发事件指挥的研究主要以具体突发事件的应急管理为切入点,重点研究多部门、多主体的应急协同与应急指挥问题。在对城市突发事件指挥的研究过程中,比较注重案例研究与实证分析,研究手段较为单一,主要是定性分析,而缺乏定量分析。此外,笔者在查阅文献时发现,目前国外并没有关于城市群重大公共安全事件应急指挥方面的研究。

总之,从国外学者对城市应急管理研究的理论与实践发展研究的趋势来看,其研究领域延伸到公共管理各个领域,体现出当代城市应急管理多元化、全面融合的新特征;其研究导向更趋于国际化,有更多的跨国比较与合作研究。美国、欧盟、日本等发达国家在大城市危机管理实践方面各具特色,在突发事件应急指挥方面积累了丰富的理论和实践经验;其研究方法更加立体化、层次化,从单纯定性扩展到定性、定量相结合,而定量分析方法更丰富,包括计算机科学、运筹学、系统科学、心理学等。

（二）国内相关领域研究综述

从整体来看，近年来，国内危机管理研究呈现出学术共同体更加健全、主题更加细化、研究方法更加规范化的特点。具有耦合性、衍生性、快速扩散性等特征的重大公共安全事件的发生往往超越单座城市的应急处置与救援能力，进而使参与主体在新应急指挥组织体系中会呈现出更为复杂的协同关系。如吕孝礼等梳理了2012—2016年公共管理视角下的中国危机管理研究文献，并与前一个五年（2007—2011）进行了对比分析。[①] 而范维澄院士则认为多主体应急协同及其政策是应急管理的核心科学问题。[②]

1. 城市危机管理模式研究

城市群的迅速形成与发展，使得城市群人口呈现"大规模、高密度"的态势，这将存在巨大的社会风险。因此，国内学者越来越关注城市、城市群应急管理模式问题。

（1）研究发达国家大城市危机管理模式的特征，并提出其对我国城市管理模式的借鉴与启示。例如，赵成根对美国的纽约市、波士顿市、华盛顿市、洛杉矶市，日本的东京市和横滨市，德国的柏林市，英国的伦敦市和加拿大的多伦多市等发达国家大城市危机管理组织机制及运行情况进行了描述，综合分析了西方发达国家大城市全政府、全社会型综合危机管理系统的基本结构和运行情况。[③] 金磊结合美国城市典型的危机事件，研究了具有普遍意义的城市综合减灾应急体系建设的方法与模式，通过介绍美国"9·11"事件的深刻教训，梳理了美国国家、城市综合应急体系建设的目标与方法，提出了对中国城市综合减灾应急体系建设有借鉴意义的启示与构想。[④] 钟开斌研究了伦敦的城市风险管理体系，认为其基本特征是在应对各级各类风险和突发事件的过程中进

---

① 吕孝礼、朱宪、徐浩：《公共管理视角下的中国危机管理研究（2012—2016）：进展与反思》，载《公共行政评论》2019年第1期，第169–196+216页。

② 范维澄：《国家突发公共事件应急管理中科学问题的思考和建议》，载《中国科学基金》2007年第2期，第71–76页。

③ 参见赵成根《国外大城市危机管理模式研究》，北京大学出版社2006年版。

④ 金磊：《美国城市公共安全应急体系建设方法研究》，载《城市管理与科技》2006年第6期，第273–276页。

行全面风险登记。① 顾林生和王宏伟则分析了日本东京全政府型危机管理模式,并对北京市等中国大城市构建大城市危机管理体系提出了建议。②

(2)研究中国的城市危机管理模式。例如,罗守贵等对我国传统的"分兵把口和突击式的群众运动"城市危机管理模式进行分析,认为这种模式与迅速扩大的城市规模不相适应、与我国城市高速发展的形势不相适应、与城市灾害发生特点不相适应。因此,提出了城市系统危机管理的组织构架及其功能。③ 范维澄认为全面提升城市应急管理能力与公共安全保障水平的重要支撑是城市公共安全和应急管理科技。④

目前,还有一些学者对我国大城市的危机管理模式展开了研究和分析。例如,李程伟等对北京、上海、广州、南宁四市具有代表性的应急管理模式进行了实证分析,即"整合条块关系强化属地管理"的北京模式和"多元协调管理机构与应急响应机构相对接"的上海模式等,并对这四个城市及中国其他大城市的危机管理及公共安全建设提出对策建议。⑤ 范远谋提出了构建北京市突发事件应急管理体制的整体思路。⑥ 吕景胜等分析了2012年北京"7·21"特大暴雨重大灾害性危机应对中存在的问题。在应对危机的过程中,有些政府部门的综合协调能力、发挥核心领导能力的空间有待提升。对此,要突出加强城市重大危机风险预测与评估、完善重大灾情发布技术手段及制度建设、完善危机预案并

---

① 钟开斌:《伦敦城市风险管理的主要做法与经验》,载《国家行政学院学报》2011年第5期,第113-117页。
② 顾林生:《日本大城市防灾应急管理体系及其政府能力建设》,载《城市减灾》2004年第6期,第4-9页;王宏伟:《日本城市公共安全管理的经验与启示》,载《中国减灾》2009年第8期,第6-8页。
③ 罗守贵、高汝熹:《论我国城市政府危机管理模式的创新》,载《软科学》2005年第1期,第49-52页;罗守贵、高汝熹:《大城市灾害事故综合管理模式研究》,载《中国软科学》2002年第3期,第109-114页。
④ 范维澄:《城市公共安全与应急管理的思考》,载《城市管理前沿》2008年第5期,第32-34页。
⑤ 李程伟、张德耀:《大城市突发事件管理:对京沪穗邕应急模式的分析》,载《国家行政学院学报》2005年第3期,第48-51页。
⑥ 范远谋、万鹏飞、于秀明:《北京市突发事件应急管理体制研究》,载《2005·课题调研成果汇编》2005年,第285-435页。

加强可操作性演练、提高城市重大危机应对的应急措施与控制手段。①董瑞华等认为上海市政府对政府应急管理机制的建设十分重视，并建立了较完善的灾害事故紧急处置体系。② 中共南京市委党校课题组以专题调查为基础，阐述了南京建立和健全城市应急管理机制的重要性和紧迫性，分析了基本情况和目前存在的主要问题，并提出了有针对性的政策建议。③ 郑辉等认为成都的主要经验就是建立了一套比较完善的整体联动机制和网络体系，包括建立领导责任网络；建立工作值班、信息报送网络；建立工作预案网络；建立了政府应急整体联动机制。④

总之，我国学者关于国内城市危机管理的研究，主要有三个方面：一是对城市危机形成的主要原因、规律特点进行了较为深入系统的论述；二是对城市危机管理的主要机制及影响城市危机管理的主要因素有较为全面客观的研究；三是对城市危机管理体系的建设提出了可操作性的理论成果。关于国外大城市危机管理模式经验的总结包括：建立强有力的城市应急指挥中枢；建立完善的应急响应机制；建立高透明度的应急信息发布机制；建立完善的法律体系；建立共担的责任机制；等等。

2. 城市和城际突发事件应急联动系统研究

城市应急联动系统在西方发达国家已经广泛应用，我国学者也从诸多角度对城市应急联动系统的理论与应用进行了研究。

（1）从实践层面来讲，我国如上海、广州、深圳、乌鲁木齐、武汉、南宁等城市已经相继建立了城市应急管理联动体系。这些城市的应急管理体系多数起到了信息共享、多部门联动的作用，但是决策辅助等微观方面仍存在不足（如有的决策者"拍脑袋"进行指挥决策），这会严重制约应急联动的效果。

（2）从理论层面来讲，国内学者研究主要包括区域突发事件应急

---

① 吕景胜、郭晓来：《政府城市重大危机应急管理中的问题与对策——以北京7·21大暴雨为案例视角》，载《国家行政学院学报》2012年第5期，第53-60页。

② 董瑞华、董幼鸿：《上海市政府应急机制和管理结构研究》，载《上海行政学院学报》2005年第3期，第33-42页。

③ 中共南京市委党校课题组：《关于南京城市应急管理机制建设的调查与思考》，载《中共南京市委党校南京市行政学院学报》2005年第1期，第81-85页。

④ 郑辉、蔡竞、杨恒雨：《构建整体联动机制　提高特大中心城市应急管理水平——成都市政府应急机制和管理结构研究》，载《四川行政学院学报》2004年第5期，第17-19页。

联动体系的构建、城市应急联动系统建设和运作模式、城市应急资源联动方式等方面。

例如，佘廉等对区域突发事件的特点进行研究分析，在分析了构建区域突发事件联动体系必要性的基础上，提出了构建区域突发公共事件应急联动体系的有关设想。[①] 陈彪等认为重大灾害与风险发生的不确定性和强破坏性增强了政府公共管理的危机性和社会关注的普遍性，提出建立正三角稳态区域联动机制是应对重大灾害与风险的有力措施。[②] 孙元明认为城市应急联动系统的建设应包括政府危机管理体制、政府危机管理运行机制、应急管理法制和现代科学技术。[③] 葛春景等对重大安全事件应急资源联动进行了界定，从横向和纵向两个角度进行分析，在此基础上提出了城市内"基于 Multi-Agent 系统的城市应急资源联动网络方式"以及城际"基于 Multi-Hub 的都市圈应急资源联动网络方式"来实现应急资源联动。[④] 唐伟勤认为建立适合中国国情的应急联动模式是快速、高效地应对各类突发事件的重要手段。[⑤] 邹逸江分析了集权模式、授权模式、代理模式、协同模式四种城市应急联动系统的运作模式，认为应加快我国城市应急联动系统的建设和统一协调。[⑥]

此外，随着我国城市群的快速发展，覆盖城市群的重大突发事件频发，国内学者开始关注城际应急管理协同问题。赵林度等从多角度研究了城际应急管理协同机制问题，包括 Multi-Agent 理论[⑦]、知识

[①] 佘廉、蒋珩：《区域突发公共事件应急联动体系亟待建设》，载《武汉理工大学学报（社会科学版）》2007 年第 2 期，第 162－170 页；佘廉：《区域突发公共事件应急联动体系研究》，载《武汉理工大学学报（社会科学版）》2007 年第 5 期，第 595－598 页。

[②] 陈彪、绍泽义、蒋华林：《试论区域联动机制的建立——立基重大灾害与风险视阈》，载《电子科技大学学报（社科版）》2008 年第 6 期，第 6－9 页。

[③] 孙元明：《国内城市突发事件应急联动机制与平台建设研究》，载《重庆邮电大学学报（社会科学版）》2007 年第 1 期，第 59－65 页。

[④] 葛春景、王霞、关贤军：《应对城市重大安全事件的应急资源联动研究》，载《中国安全科学学报》2010 年第 3 期，第 166－171 页。

[⑤] 唐伟勤：《我国城市突发事件应急联动模式探讨》，载《中国行政管理》2008 年第 3 期，第 78－82 页。

[⑥] 邹逸江：《城市应急联动系统的研究》，载《灾害学》2007 年第 4 期，第 128－133 页。

[⑦] 赵林度、杨世才：《基于 Multi-Agent 的城际灾害应急管理信息和资源协同机制研究》，载《灾害学》2009 年第 1 期，第 139－143 页。

管理①、GIS 理论②、电子政务理论③，并提出"学习—应急—协同"的城市群协同应急决策模式④。

3. 突发事件应急指挥体系研究

2003 年"非典型肺炎"以后，我国的应急管理体系是以"一案三制"（应急预案，应急法制、体制和机制）为核心建设的，但该体系更多的是从静态的角度来预防或应对突发事件，在对城市突发事件的现场指挥、协调和调度等方面还缺乏有效性和可操作性。以至于在重大公共安全事件现场应急指挥的过程中，容易出现指挥混乱、令出多门等问题，从而影响了应急指挥的整体效能，对此，我国学者开始关注突发事件应急指挥体系的问题。

一方面，我国学者在研究中借鉴了西方发达国家的一些较为成熟的做法，特别是美国的突发事件应急指挥系统。如郑双忠等介绍了 ICS 的发展历史、主要框架以及随着事故发展而进行扩展的情况。⑤ 马奔等对美国突发事件应急指挥体系的起源、发展、特征、组织结构和人员构成等内容进行了介绍，并总结了 ICS 对我国突发事件应急管理指挥的启示。宋劲松则比较中国、德国和美国应急指挥组织结构的差异，从而提出了规范中国应急指挥组织结构的政策和建议。⑥

另一方面，我国学者通过研究，提出了如何建设符合中国国情的突发事件应急指挥体系的建议。如刘铁民叙述了事故应急指挥系统在处置重大和复杂突发事件中的优越性，提出事故应急指挥模型可以分为单

---

① 赵林度、孔强：《基于知识管理的城际应急管理协同机制研究》，载《软科学》2009 年第 6 期，第 33 – 37 页。

② 赵林度：《基于 GIS 的城市重大危险源应急管理协同机制》，载《城市技术》2007 年第 6 期，第 51 – 57 页。

③ 赵林度、方超：《基于电子政务的城际应急管理协同机制研究》，载《软科学》2008 年第 9 期，第 57 – 64 页。

④ 赵林度：《城市群协同应急决策生成理论研究》，载《东南大学学报（哲学社会科学版）》2009 年第 1 期，第 49 – 55 页。

⑤ 郑双忠、邓云峰、刘铁民：《事故指挥系统的发展与框架分析》，载《中国安全生产科学技术》2005 年第 4 期，第 27 – 31 页。

⑥ 马奔、王郅强、薛澜：《美国突发事件应急指挥体系（ICS）及其对中国的启示》，载李平主编《地方政府发展研究·第 5 辑》，汕头大学出版社 2010 年版，第 64 – 70 页。

一、区域、联合三种,并对比分析了三个模型的特征;① 介绍了事故应急指挥系统的原型框架以及系统的要素构成,叙述了指挥和行动等各部门的职责与功能及互相之间的联系,并提出了重大事故应急处置基本原则与程序;② 同时还指出联合指挥是管理所有事故应急响应的有效机制,是多辖区参与跨地区与跨行业响应行动的必要平台。③ 孙正等梳理了建构指挥与处置机制的相关因素,提出了完善我国突发事件指挥与处置机制的建议。④ 程玥等指出,全息指挥是对传统应急指挥模式的突破,它基于应急效率对应急信息的直接依赖,利用成熟的网络技术、音频与视频技术开发出全息指挥平台,并借助这个技术平台,应对突发灾难事件的有关各方可以更容易建立联合指挥与协同应对的合理机制,从而克服应急过程中越级指挥、多头指挥和无序指挥等较为普遍的问题,促进资源整合、优化应急流程、提高应急水平。⑤ 佘廉等则从事件的生命周期入手,分析应急指挥业务过程,研究应急指挥信息沟通的三维要素变化和过程变化,以及事件链演化中的信息沟通过程,为深入了解沟通过程、提高应急指挥沟通效率提供借鉴作用,在归纳现有指挥系统研究范式基础上,进一步提出了一个全面的应急指挥系统研究范式。新的研究范式既结构化地分析重大突发事件的复杂情景及变化,又权变地理解应急指挥系统组织演化的动力与过程,以保障应急指挥系统的有效性与可靠性。⑥

4. 应急协同技术研究

从协同决策技术层面说,近年来,我国多主体技术被广泛应用到交

---

① 刘铁民:《重大事故应急指挥系统(ICS)框架与功能》,载《中国安全生产科学技术》2007年第2期,第3-7页。
② 刘铁民:《重大事故应急处置基本原则与程序》,载《中国安全生产科学技术》2007年第3期,第3-6页。
③ 刘铁民:《突发事件应急指挥系统与联合指挥》,载《中国公共安全(学术版)》2006年第1期,第31-35页。
④ 孙正、赵颖:《关于突发事件的指挥与处置问题的几点思考》,载《中国行政管理》2006年第11期,第31-35页。
⑤ 程玥、马庆钰:《构建全系指挥与协同应急新模式》,载《中国行政管理》2011年第5期,第62-65页。
⑥ 佘廉、程聪慧:《基于事件生命周期的应急指挥信息沟通过程分析》,载《电子科技大学学报(社科版)》2014年第2期,第18-23页;佘廉、张美莲:《突发事件应急指挥系统研究范式——一个概念框架》,载《中国社会公共安全研究报告》2016年第1期,第17-30页。

通、民航、电力行业①等决策支持系统中。这些应用最显著的特征是充分利用多主体的智能性、合作性和分布性来完成对复杂系统的分解和建模。

在对非常规突发事件应急响应工作进行组织化运作的过程中，针对应急组织结构特点设计相应的协调机制，是保证应急处置工作顺利开展的关键。通常，组织协调方法分为显式协调和隐式协调②，其中显式协调主要通过协商达到，而隐式协调则通过遵循某些局部规则，达到相互之间行动的协调。协商与协调（包括投票机制）的运用比较普遍，其主要基础理论是对策论。③ 这里协商主要研究的是如何基于主体的观察、推理，或通过主体间交互来获得其他主体的意图模型，在与自身意图比较分析的基础上，发现是否存在合作或冲突关系，最终实现协调或协作的目标。④ 在多主体协商过程研究中也常用对策论⑤，而隐式协调方法在研究社会标准、规则和惯例等时应用较多⑥，其主要研究目标是最大限度地减少在多主体协商交互过程中的工作量。⑦

总体上说，现有的多主体决策方法应用于应急管理和决策的研究还较少，而非常规突发事件应急中涉及多方协同，将多主体协同技术应用到突发事件及其次生、衍生事件的预警、研判决策活动过程中，在处理一些大规模的、无准备的突发事件时具有很大优势，对解决多主体间相互耦合和影响的问题，是非常有效的。

---

① 夏玮：《民航事故分析决策支持系统的研究与实现》，硕士学位论文，辽宁工程技术大学，2004；王勇：《用于电力行业决策支持的多 AGENT 技术研究》，博士学位论文，华东师范大学，2007。

② 钱大琳、刘峰：《人机融合决策智能系统研究的多学科启示》，载《系统工程理论与实践》2003 年第 8 期，第 130 – 135 页。

③ 钱大琳：《基于组织层次的人机融合智能决策支持系统模型》，载《北京交通大学学报》2005 年第 3 期，第 96 – 100 页。

④ 黄席樾、刘卫红、马笑潇、胡小兵、黄敏、倪霖：《基于 Agent 的人机协同机制与人的作用》，载《重庆大学学报（自然科学版）》2002 年第 9 期，第 32 – 35 页。

⑤ 刘金琨、王树青：《基于 Agent 技术的人机智能决策支持系统研究》，载《系统工程理论与实践》2000 年第 2 期，第 15 – 20 页。

⑥ 王恒、白光晗：《面向过程人机交互战略决策支持系统模型研究》，载《电脑与信息技术》2009 年第 6 期，第 19 – 21 页。

⑦ 冯珊：《作为人—机联合认知系统的智能决策支持系统》，载《华中理工大学学报》1993 年第 3 期，第 1 – 6 页。

近年来，开始有学者研究业务持续管理（business continuity management）对提高应急指挥可靠性的理论与应用问题。"业务持续"（business continuity）是指发生灾害时组织的关键业务活动不中断，或者是在组织遭遇灾害后，其关键业务活动能在规定的时间内快速恢复。① 在应急指挥系统中引入业务持续管理，就是要运用业务持续方法来保障应急指挥系统的安全性和稳定性，保障关键应急指挥活动不中断，即使因为各种原因发生了中断，也可在规定的时间内快速恢复。具体地说，就是要保障应急指挥系统的关键部门、关键环节不遭受中断性损害而持续运行。② 佘廉和程聪慧界定了业务持续管理与应急指挥的内涵及相互关系，运用"鱼骨图"分析了应急指挥过程中可能出现的重大问题及其成因，阐述了将业务持续管理引入应急指挥体系的必要性，并在此基础上，讨论了业务持续管理运用于应急指挥过程的思路，构建了一种基于系统受损的业务持续管理和核心业务恢复的时序流程图，以提高应急指挥体系的稳定性和抗干扰能力，保证业务运行的平稳持续。③ 此外，佘廉等还提出了突发事件现场应急指挥的要素可靠性问题，认为应急处置的核心步骤是现场应急指挥，关键是提高其可靠性。④

5. 应急指挥组织协同研究

目前，我国还有许多学者以应急指挥组织协同结构为突破口进行研究分析。

苏陈朋等基于 2008 年桂林冰雪灾害相关统计数据，应用社会网络分析方法、增加时间维度，研究非常规突发事件跨组织合作网络结构的演化机理，为应急管理组织结构优化提供理论和方法支撑。⑤

---

① 王德讯：《业务持续管理的国际比较研究》，载《世界经济与政治》2008 年第 6 期，第 74 - 80 页。
② 佘廉、王大勇、郭景涛：《基于业务持续的电网应急指挥系统研究》，载《工程研究——跨学科视野中的工程》2011 年第 3 期，第 75 - 81 页。
③ 佘廉、程聪慧：《应急指挥过程中的业务持续管理研究：一种时序性流程的视角》，载《电子政务》2014 年 2 期，第 114 - 121 页。
④ 佘廉、贺璇：《现场应急指挥的要素可靠性分析》，载《电子政务》2013 年第 6 期，第 74 - 79 页。
⑤ 苏陈朋、韩传峰：《非常规突发事件跨组织合作网络结构演化机理研究——以 2008 年桂林冰雪灾害为例》，载《软科学》2014 年第 8 期，第 107 - 111 + 116 页。

刘丹等依据我国应急管理规章制度，以开放、理性、系统的视角，基于组织理论，提出刚性和柔性复合的、有层次和权威的、开放和权变的非常规突发事件应急指挥组织结构（ECOS），并对三峡水库防洪应急指挥组织进行规范设置。①

李安楠等将分形方法论引入非常规突发事件的组织系统理论研究中，给出了一种新的应急协同组织模型——分形应急组织。并以"8·12"天津港重大安全生产事故为例，说明了分形应急组织应对环境变化的灵活性和高效性。②

刘亮等将国家应急管理工作组（National Emergency Management Working Group，NEMWG）合作网络模型视为一个大型社会合作网络，分析其结构特征和运行机制。基于复杂网络基元分析方法，深入辨识应对非常规突发事件的国家应急管理拳头模式的基元结构特征。以汶川地震为例，基于二分网络构建应对汶川地震的 NEMWG 合作网络模型，基于社会网络中心性方法分析各应急主体的位置特征，据此进一步完善 NEMWG 组织架构，构建适应性更强的政府应急管理体系。运用复杂网络模体分析方法，以中国和美国国家应急组织合作网络（National Emergency Organizational Collaboration Network，NEOCN）系统为例，深入辨识和理解不同制度条件下 NEOCN 基元结构的同构或异构特征。③

平健运用"自下而上"的研究思路，基于 Netlogo 平台建立组织合作关系模型，对应急管理组织的微观合作关系进行仿真，以期涌现出组织合作网络的宏观演化规律。④

杜军通过梳理现有国内外网络组织概念的代表性描述，结合突发事

---

① 刘丹、王红卫、祁超、唐攀、李明磊：《非常规突发事件应急指挥组织结构研究》，载《中国安全科学学报》2011 年第 7 期，第 163 – 170 页。
② 李安楠、邓修权、赵秋红：《分形视角下的非常规突发事件应急协同组织》，载《系统工程理论与实践》2017 年第 4 期，第 937 – 948 页。
③ 刘亮、陈以增、韩传峰、荣玫：《国家应急管理工作组合作网络的社会网络分析》，载《中国安全科学学报》2015 年第 3 期，第 152 – 158 页；刘亮：《国家应急管理工作组合作网络的基元结构辨识》，载《中国安全科学学报》2016 年第 3 期，第 133 – 138 页；刘亮、汪建、韩传峰：《国家应急组织合作网络基元同构与异构比较研究》，载《中国安全科学学报》2017 年第 5 期，第 169 – 174 页。
④ 平健：《基于 Netlogo 的政府应急组织合作关系演化趋势仿真研究》，载《软科学》2018 年第 2 期，第 124 – 129 页。

件、应急的概念,对应急网络组织相关的概念进行界定,并归纳出应急网络组织的一般属性和特殊属性,还研究了应急网络组织的常态与战态相互切换机理,为后期研究应急网络组织的应急运作机理打下基础。① 同时又进一步地将应急网络成员组织间的应急协作关系分为服务互补型、服务依赖型、服务嵌入型三种类型。② 从组织治理的视角,强调应急网络组织治理的必要性与驱动问题,描述应急网络组织治理的特征,结合突发事件、应急网络组织等的特点,给出应急网络组织治理安排的三维度权力结构、联结强度、进入门槛,并借此构建应急网络组织治理安排的三维度属性空间。③

孔静静等在解析应急组织合作内涵和层次的基础上,将应急组织间合作分为命令传递、信息沟通和资源流动三类,运用指数随机图模型实证分析了汶川地震应急处置过程中,不同层次、不同类型应急组织合作的微观结构逻辑和宏观运行机制,为我国应急管理组织结构和运行机制优化提供理论和方法支撑。④

杨乙丹认为,"基层合作制+中间层委员会制+上层科层制"这种"三制一体"的"无缝隙"应急组织体系应是中国应急管理组织的演进方向。在这种应急组织体系中,不仅能发挥基层社区的特定优势和政府强大的灾害应对能力,还能够使基层和政府的灾害应对活动一致化,取得灾害应对的最大化效果。⑤

6. 城市群公共危机管理研究

我国学者从跨区域、跨边界危机管理等不同角度对城市群公共危机

---

① 杜军:《应急网络组织的概念、属性及其状态切换机理》,载《科技管理研究》2013年第19期,第170-175页。
② 杜军、鄢波:《应急网络成员组织间的协作关系、协作过程及其治理》,载《科技管理研究》2013年第23期,第232-236页。
③ 杜军:《应急网络组织治理的必要性与驱动、特征及治理安排》,载《科技管理研究》2013年第24期,第237-241页。
④ 孔静静、韩传峰:《应急组织合作的结构逻辑及运行机制——以2008年汶川地震应对为例》,载《公共管理学报》2013年第4期,第88-101页。
⑤ 杨乙丹:《中国应急管理组织体系的反思与重构》,载《华南理工大学学报(社会科学版)》2016年第1期,第57-64页。

管理进行了不同程度的研究。符礼勇等界定了城市群公共危机的概念。① 吴次芳等提出了长江三角洲城市群生态危机调控机制。② 续新民等总结了珠江三角洲城市群面临的地震安全问题和抗震设防的现状,并提出了相应对策。③ 莫靖龙等运用层次分析法综合评价分析了长株潭城市群的灾害应急管理能力。④

近年来,中央和各级政府开始重视跨域应急管理机制的实践探索,我国学者也进行了跨域应急管理的理论研究。姚尚建对区域公共危机治理的逻辑进行了分析,并提出了相应机制。⑤ 郭雪松等归纳了现代跨域危机内涵及其特点,通过构建跨域危机治理网络分析模型,对跨域危机治理中存在的"碎片化"问题进行了分析。⑥ 张欢等从合作领域、合作机制、合作模式、合作内容等方面总结了我国跨域应急管理的现状,并分析了跨域应急管理合作存在的问题及面临的机遇。⑦ 李敏基于对长三角城市群所面临的公共安全风险的特征分析,对长三角城市群跨域公共危机协同治理的模式进行研究。⑧

通过上述对国内外相关研究情况的综述,可以看出目前在城市群重大公共安全事件应急指挥协同研究中主要存在以下六个方面的问题。

(1) 尚无城市群应急指挥协同的相关理论研究。国内外城市群相关的理论研究,主要基于经济发展角度,强调城市群发展带来的经济规

---

① 符礼勇、孙多勇:《城市群公共危机:中国城市化发展中的潜在危机》,载《社科纵横》2008年第11期,第62-63页。

② 吴次芳、鲍海君、徐保根:《我国沿海城市的生态危机与调控机制——以长江三角洲城市群为例》,载《中国人口·资源与环境》2005年第3期,第32-37页。

③ 续新民、杨马陵、黄长林:《珠江三角洲城市群地震灾害与防御》,载《灾害学》2006年第4期,第36-41页。

④ 莫靖龙、夏卫生、李景保等:《湖南长株潭城市群灾害应急管理能力评价》,载《灾害学》2009年第3期,第137-140页。

⑤ 姚尚建:《区域公共危机治理:逻辑与机制》,载《广西社会科学》2009年第7期,第79-83页。

⑥ 郭雪松、朱正威:《跨域危机整体性治理中的组织协调问题研究——基于组织间网络视角》,载《公共管理学报》2011年第4期,第50-60页。

⑦ 张欢、高娜:《我国跨域应急管理的现状与机遇》,载《减灾论坛》2016年第1期,第6-9页。

⑧ 李敏:《协同治理:城市跨域危机治理的新模式——以长三角为例》,载《当代世界与社会主义》2014年第4期,第117-124页。

模效应，而研究城市群公共安全理论的较少。具体来说，研究单座城市公共安全理论的较多，而从城市群系统角度研究的较少，尤其是跨区域协同决策、协同指挥模式方面的研究较少。

（2）从应急管理体制和机制上看，目前中国绝大部分城市实行的仍是纵向、单灾种、属地化管理模式。其问题在于：缺乏统一指挥，由于部门分割、环节脱节，即使灾害发生时建立临时指挥部也很难实现统一指挥；缺乏统一调度，如灾害发生时，各种救援资源蜂拥而上造成的浪费；缺乏统一管理，无法从整体角度进行长远的系统规划。

（3）在理论与应用层面上，国内外对于城市突发事件指挥的研究主要以具体突发事件的应急管理为切入点，重点研究多部门、多主体的应急协同与应急指挥问题。在研究过程中，注重案例研究与实证分析，但研究手段较为单一，主要是定性分析，缺乏定量分析。此外，对于城市群突发事件应急指挥方面的研究却很少涉及。

（4）在研究信息缺乏、不对称的条件下，对重大公共安全事件展开应急指挥协同理论研究。城市群重大公共安全事件的应对往往涉及不同地域、不同层次、不同行业的多个部门，这些特点容易导致多方信息不对称、单方信息不完整的情形。国内外关于信息不对称条件下跨部门、跨地域、指挥中心与现场之间实时协同会商问题的研究尚不够系统。

（5）应急指挥研究中多主体协同技术方法的研究较少。现有的多主体决策 MA 方法应用于应急管理和决策研究的还较少，而非常规突发事件应急中涉及多方协同，将 MA 引用到突发事件及其次生、衍生事件的预警、研判决策活动过程中，对处理一些大规模的、无准备的突发事件具有很大优势，可以非常有效地解决多主体间相互耦合和影响问题。

（6）没有系统地研究城市群应急指挥体系的构建问题。国内外学者主要研究的是单座城市应急指挥体系问题，很少涉及跨区域、跨部门多主体协同问题的城市群应急指挥体系，其组织结构、指挥方式、指挥协同模式等基本问题尚未得到系统地研究。

三、逻辑框架与技术路线

（一）章节安排

本书的章节结构由以下七部分内容构成。

绪论：概述城市群重大公共安全事件应急指挥协同的研究背景及意义，当前国内外对城市群重大公共安全事件应急指挥协同的研究现状及基本目标、研究方法、技术路径、基本框架。

第一章：城市群重大公共安全事件应急指挥协同的理论与方法，理论主要包括协同学理论、管理协同理论、军事组织协同理论和指挥控制（C2）组织设计理论；方法主要包括 Petri 网交互模型分析方法、双层规划协同决策方法和基于信息熵法的应急指挥协同决策方法。为下一步的研究提供了理论基础和方法。

第二章：结合对城市群重大公共安全事件和城市群重大公共安全事件应急指挥概念的界定，分析了城市群重大公共安全事件应急指挥要素的构成，并指出了城市群重大公共安全事件应急指挥各要素之间的联系。

第三章：描述了城市群重大公共安全事件应急指挥组织框架，包括城市群重大公共安全事件应急指挥系统构成、城市群重大公共安全事件应急指挥体系。在此基础上，分析城市群重大公共安全事件应急指挥的实现路径，并以 2008 年汶川地震为城市群重大公共安全事件典型案例，分析其应急指挥体系的建立及其运转。

第四章：界定了城市群重大公共安全事件应急指挥协同的概念及特征，主要包括应急指挥内容的多维性、应急指挥参与主体数量的不确定性等。并进一步指出信息共享、知识共享和态势共享是实现应急指挥协同的条件，协同对象、协同结构、协同目标、协同手段和协同决策是应急指挥协同的构成要素。在此基础上，分析应急指挥协同的三种模式，即纵向基于权威的集中式应急指挥协同模式、横向基于协商的分散式应急指挥协同模式和基于网络的分布式应急指挥协同模式。

第五章：本章在城市群应急指挥组织协作网设计的基础上，对城市群应急指挥组织决策树进行了描述和分析，定义了城市群应急指挥组织内的间接外部协作和指控组织总的工作负载，由此对城市群应急指挥组织决策树的设计给出了数学描述。利用 Gomory-Hu tree 生成算法对城市群应急指挥组织决策树进行求解，分析了算法在解决决策树生成问题上的复杂性与计算结果，并分别以长三角和珠三角城市群为案例分析对象，利用该模型和算法对两个城市群的重大公共安全事件应急指挥关系进行了优化设计，从而实现城市群各结点城市应急指挥中心之间的有效协作。

总结与展望：对全书的主要结论、创新点及局限性进行总结，并阐述了对城市群重大公共安全事件应急指挥协同的进一步研究计划。

（二）逻辑思路

本书的研究目标是实现城市群重大公共安全事件的应急指挥协同，选取应急指挥组织结构作为突破口，首先阐述城市群重大公共安全事件应急指挥及其要素构成，在此基础上，研究城市群重大公共安全事件应急指挥组织框架及实现路径。进而揭示城市群重大公共安全事件应急指挥协同的概念，并分析应急指挥协同的三种模式。接着说明了城市群应急指挥组织协作网设计的基本理论，描述了城市群应急指挥组织决策树模型，通过对城市群应急指挥组织内的间接外部协作和指控组织总的工作负载概念的界定，给出了对城市群应急指挥组织决策树设计的数学描述。利用 Gomory-Hu tree 生成算法对城市群应急指挥组织决策树进行求解，分析了算法在解决决策树生成问题上的复杂性与计算结果。在案例分析部分，首先以长三角城市群为例，搜集统计数据，应用该数学模型和算法对长三角城市群各城市应急指挥中心之间的协作关系进行优化分析；然后以同样的模型和算法对珠三角城市群重大公共安全事件应急指挥关系进行了优化分析。在这一思路下，每一研究内容都以前一环节的研究为前提条件，环环相扣，形成了完整的逻辑推演过程。

（三）研究的技术路线

在查阅相关文献的基础上，本书对城市群重大公共安全事件应急指挥协同进行了研究分析。研究的具体技术路线如图 0-1 所示：

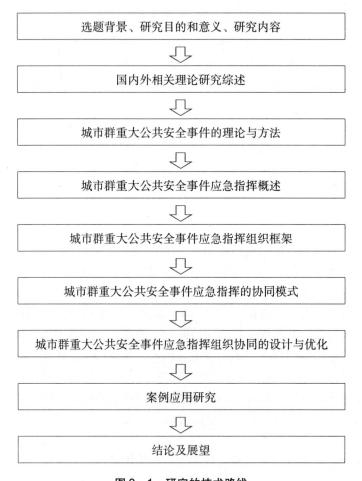

图 0-1 研究的技术路线

第一章 相关基础理论与方法

第一节 协同学理论及管理协同理论

一、协同学及其应用

协同学（synergetics）是系统科学的重要分支理论之一，也称为"协同论"或"协和学"。协同学理论是由联邦德国斯图加特大学的著名物理学家赫尔曼·哈肯（Hermann Haken）教授创立的。[①] 协同学是一门新兴的综合性学科，近十几年取得快速发展并被广泛应用。协同学理论采用了信息论、控制论、非平衡统计等当代最先进的理论方法和数学方法来研究有序和无序的转化规律，同时也借鉴了结构耗散理论的精华，利用"突变理论"来从数学上描述有序和无序的转化。

经过几十年的发展，协同学已经形成一个较为完善的科学理论体系，建立起完整的概念体系和方法论。总之，协同学有机地结合了动力学和统计力学，提供了系统处理相变问题的数学模式，具有非常重要的理论价值和实践应用价值。随着协同学理论体系的不断完善发展，在自然科学、工程技术和社会科学等更加广泛的领域体现出巨大的应用价值。协同学在物理学领域，诸如在无线电、激光、流体力学等方面得到应用；在生物学和化学领域，如在生物进化、化学非平衡相变、化学耗散、化学振荡等方面被广泛地应用；在军事领域，如军队的排兵布阵，海、陆、空各军兵种的联合协同作战等也都可以应用协同学的理论和方法。

---

① H·哈肯：《协同学——自然成功的奥秘》，戴鸣钟译，上海科学普及出版社1988年版，第15-30页。

二、协同学的主要原理

(一) 协同效应

哈肯在《协同学·引论》中,对协同效应的概念进行了界定,并认为这种效应是指协同作用所产生的结果。不论在自然界中或是人类社会中都存在大量结构千差万别的系统,而协同作用在系统内部,抑或在系统之间都是存在的。若在运动中各子系统没有发生任何相互作用,我们说这是一种"混乱"或"无序"的状态,即不存在协同作用。但是,客观上是不存在这种绝对没有协同作用的系统状态的。若有外来能量的作用使得各子系统之间发生了相互作用,或当物质的聚集态达到某种临界值时,就会产生所谓的协同效应。

(二) 序参量及其特征

序参量是协同学的核心概念,哈肯把"序参量"的概念引入协同学,将其作为处理自组织问题的一般依据。从广义上理解,序参量可以是具体的物质形式,也可以是一种现象、心理和氛围等。序参量有三个特征:一是若引入的序参量是宏观参量,则以此来表示系统的整体行为;二是若引入的序参量是微观参量,则以此来表征和度量微观子系统的合作效应;三是序参量通过支配子系统的行为来主宰系统演化过程。

(三) 自组织原理

"自组织"(self-organization)一词最早是由普利高津(Prigogine I)和他的同事在建立耗散结构理论和概念时准确地提出和使用的,主要描述那些自发出现或形成有序结构的过程(Prigogine and Nicolis, 1977)。"自组织"指的是系统中所包含的各个运动变化的子过程自发地形成时间、空间上的有序。"自组织原理"说明,不论是在自然界,还是在人类社会中,开放的系统都会自发地形成有序结构,从而不断地向更高级的复杂性演化。①

三、管理协同理论

如前所述，协同理论的思想在自然科学领域的研究中已被广泛应用，随着学术界研究的深入和社会实践的发展，其应用领域也在不断地拓展，并深深影响到现代管理思想和理论研究的产生，管理学者和实践者也从不同的角度探讨管理中的协同问题和管理对策。

管理协同综合运用了协同学理论的基本方法和思想，是通过对组织中不同管理对象之间协同的规律的研究，实施有效管理的一种理论体系，其目的是使管理系统的整体功能效应更加高效地实现。② 与传统管理理论相比，管理协同在思想和理论、对待问题的视角以及处理问题的方法上都存在很多不同的地方。管理协同理论是将协同学和管理理论结合起来形成的，确定构成管理协同的要素是首要目标。王浣尘等认为管理协同的核心要素包括：业务整合能力要强、组织结构要具有动态弹性等。③ 而管理协同的中心目标是实现协同效应。④

第二节 军事组织协同理论

军事指挥领域中的一个重要概念是军事组织，它是研究军事行动中执行者和指挥控制（C2）的重要组成部分。⑤ 军事组织理论中的协同是指不同的力量围绕一个共同目标的行动配合过程，它可以在多级结构的

---

① 沈正维、王军：《关于自组织原理若干问题的讨论》，载《系统科学学报》2006 年第 1 期，第 14 – 18 页。

② 潘开灵、白列湖：《管理协同倍增效应的系统思考》，载《系统科学学报》2007 年第 1 期，第 70 – 76 页。

③ 王自强、王浣尘：《管理协同的核心要素》，载《经济理论与经济管理》2005 年第 3 期，第 50 – 51 页。

④ 潘开灵、白列湖：《管理协同理论及其应用研究》，经济管理出版社 2005 年版，第 112 – 160 页。

⑤ 吴永波、沙基昌、谭东风：《军事组织本体分析》，载《计算机工程与科学》2007 年第 2 期，第 132 – 134 页。

单位之间进行。这种不同的力量所属的单位称为协作实体，也称单元或者组织。军事组织协同，是指军事组织单元之间的协同，包括作战单元、人机系统、指挥个体等。[①] 由于军事组织单元分布在广泛的作战区域上，在对各个参战组织单元进行协同的过程中，指挥员出于作战目标及完成任务的需要，必须通过构建一个合理的组织结构来实现有效的指挥和控制，这样才能高效地处理战场变化发展的态势，以及各种复杂多变的情形。

协同学理论从系统演化的角度研究系统特性，将其应用于军事领域则是对军事组织的协同效应现象的解释，如兵败倒戈时的突变效应等，这种研究基于大系统的思想。而在军事组织中，协同更多地被看作一种行动和手段。协同学和军事组织的协同在研究对象、基本原理、方法手段以及研究内容方面有所不同，如表1-1所示。

表1-1 协同学和军事组织协同理论比较

类别	内容			
	研究对象	基本原理	方法手段	研究内容
协同学	协同系统	支配原理	解析法	系统的序参量对系统状态的影响
军事组织协同	军事作战单元	决策决策群	模拟仿真、解析法等	协同的结构、机制、手段、效果

一、军事组织的协同域

一般认为，军事组织协同主要在四个域发生，即物理域、信息域、认知域和社会域。在军事作战组织中最为主要的是物理域、信息域和认知域。军事组织的协同形成在信息域和认知域，在认知域达成，在物理域实现，如图1-1所示。

---

① 卜先锦：《军事组织协同的建模与分析》，国防工业出版社2009年版，第1页。

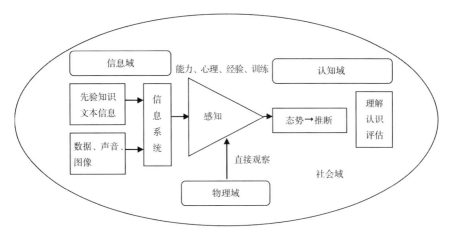

图1-1 物理域、信息域、认知域和社会域之间的关系

二、群决策与协同决策

在管理实践中,由于组织面临的决策问题和决策分析方法的高度复杂性,传统的单个决策已经远远不能满足实际需要,在此背景下出现了多人决策,即群决策。群决策是近年来决策理论研究的前沿问题,它在现代政治、管理、军事和科技等重大决策问题中起到了越来越重要的作用。[①]

(一) 群决策

1. 群决策的概念

群决策的概念是相对于单个决策者而言的,是两个以上决策者共同参与的决策活动。其本质是为实现组织目标,使所有参与者都能做出贡献并且分担相应的决策责任,从而提高组织决策的科学性。群决策受到群体内外相关变量的影响,从内部来说,它与涉及人的行为和心理的变量因素相关,包括决策者个体特征、决策者认知、决策者经验等;从外部来说,它与决策群体面临的经济、政治、法制等外部环境因素相关,

---

① 朱佳俊、郑建国:《群决策理论、方法及其应用研究的综述与展望》,载《管理学报》2009年第8期,第1131-1136页。

这些都是涉及非心理因素的变量。①

2. 军事组织中的群决策

军事组织中的群决策是指如果作战指挥行动由多个单决策的平行作战单元组成，那么将多个单决策方案用定量方法进行合成以形成最终方案。其含义包括三个方面：①多个作战单元组织结构的层次性，当所有参与作战单元是平行关系的地位时，群决策就是在作战单元的决策结点之间的联合决策；②必须围绕一个共同的整体组织目标不断地进行作战单元所有决策结点的决策；③军事组织协同是可以不断进行动态重组的过程。②

（二）协同决策

20世纪80年代美国数字设备公司的保罗·卡什曼（Paul Cashman）和麻省理工学院的艾琳·格雷夫（Irene Greif）等提出的协同决策理论，最早起源于研究计算机支持的协同工作，之后在研究军事指控组织的决策设计过程中得到迅速发展。③ 一般来说，协同决策的复杂性主要来自决策问题的方法和构成要素。从决策问题的方法来看，采取多人决策方法特别是一般群决策和协同决策来解决复杂问题，其共同点是决策者能力存在明显差异，而且构成非常复杂；从决策问题的构成要素来看，其复杂性体现在基于决策主体的价值评判和自然状态的不确定性。我们通过一些集结的方法可以解决一般的群决策问题，对于协同决策问题而言，由于决策者所处的层级不同，使得决策者的结构取决于决策问题本身的目标。同时，决策者的结构也决定了构建决策规则的方式，从而使得决策问题的复杂性进一步加大。④

群决策与协同决策的相同之处在于，它们都能将组织决策面临的风

---

① 卜先锦、战希臣、刘晓春：《两种群决策模式对决策效果的影响》，载《海军航空工程学院学报》2008年第1期，第681-685页。

② 卜先锦：《指控单元战术协同效果分析、建模与应用》，博士学位论文，国防科学技术大学，2006。

③ Spurrk, et al., *Computer Support for Cooperative Work*: *CSCW Introduction* (New York: Wiley, 1994), pp.553-554.

④ Pearsall M J, "The Effects of Critical Team Member Assertiveness on Team Performance and Satisfaction," *Journal of Management* 32, (2006): 575-594.

险降到最低,从而显著地提高组织决策的科学性。尽管二者具有相似的协同过程,即都是通过各个组成单元不断协作来实施决策的,但是协同决策与一般的群决策还是存在差异的。从决策主体上看,一般群决策属于多人决策,其决策主体是人;而军事组织协同的主体既可以是人,也可以是人机系统、装备、信息等。从决策结构上看,一般群决策的决策主体是平行的关系,处在同一层次上,其决策指挥中心既可以是现实的(追求某种效用价值),也可能是虚拟的(追求某种一致性价值);而军事组织协同的决策指挥中心是明确的,要求在不同层次上完成。从决策时间上看,军事组织协同有相对更高的时间要求,要求在更短的时间内实现作战单元之间的协同。从解的形式看,二者都是以最优解或满意解为准则的,一般群决策更加关注个体偏好的集结,而协同决策是以信息为测度标准(损失最小)或以达成决策规则的一致性为准则,并且解的形式是动态的。这里对这三种决策模式进行了多方面的比较,如表1-2所示。

表1-2 三种决策模式的比较

类别	内容				
	组成	决策结构	决策规则	解的形式	决策结果
单决策	单个单元	无	无	满意、最优解或非劣解	动态
群决策	多个单元	并行	群方案偏好的集结	满意解或最优解	静态
协同决策	多个单元	分层交叉	根据问题目标达成	最优、非劣解	动态

第三节 指挥控制(C2)组织设计理论

指控组织设计是信息时代组织设计理论与军事理论发展的交叉与融合,这一领域的产生是信息化时代军事理论与技术发展的结果。由于军事领域信息技术地应用越来越广泛,从而引发军事领域一系列深刻变革。这就会有更多不确定、更复杂的因素影响军队指挥官优化配置战场环境中的兵力组织，使得战场环境中的兵力组织面临更复杂多变的生存环境，作战任务更激烈、更具有对抗性。在这种战场环境中，作战双方的对抗和竞争不仅仅限于其军事物理资源的丰富程度或军人作战能力的高低，更多地体现在军队中各军、各兵种的高效协作、物理资源和作战信息资源的优化配置以及军队组织最优行动策略的运用。组织权变理论认为，事实上没有一致的普遍适用所有领域的组织模式和结构，只有在具体的使命任务环境下，当使命任务环境和设计组织匹配时，组织才表现出最佳运作效能，此时才能设计出适用于具体条件的最佳组织。因此，组织优化设计的重点应是组织目标、任务环境和组织结构之间的匹配。[①]

一、指控组织的基本概念

军事指挥理论中，指控组织是指在作战使命任务的驱动下，处于战场环境中的作战单元实体形成的整体有序行为和与之协调的指控组织结构关系。[②] 一般地，指控组织主要包括以下五个特征：

（1）有机结合了人与物理资源实体。
（2）指挥目标和作战任务是特定的。
（3）能通过整体有序行为来实现其指挥目标和作战任务。
（4）能建立起与整体有序行为相匹配的指控组织结构关系。
（5）所处的战场空间环境是复杂多变的、分布的。

一般来说，指控组织的基本元素主要包括：组织实体、行动过程、组织结构和战场环境。组织实体，是组织实施整个作战行动的载体；行动过程，是作战组织单元执行作战任务的流程，目的是实现其目标和任务的整体有序行为；组织结构，是构建组织决策实体、作战任务与平台

---

① Pennings J M, "Structural Contingency Theory: A reappraisal," *Research in Organizational Behavior*, JAI Press Inc. 14, (1992): 267 – 309; Carley K M and Lin Z, "Organizational Design Suited to High Performance under Stress," *IEEE Transactions on Systems, Man and Cybernetics* 25, No. 2 (1995): 221 – 231.

② 阳东升、刘忠、张维明等：《组织描述方法研究》，载《系统工程理论与实践》2004年第3期，第1–7页。

实体之间的指挥控制关系;战场环境,是指控组织适应性的重要影响因素,因战场环境的不同而对指控组织的设计参数会有不同的要求。[①]

二、指控组织的分层描述

指控组织基本元素实体、结构、过程和使命环境构成完整的指控组织视图,而指控组织有效测度的基础和关键则是如何建立这些概念的有效测度。通常对组织内的实体,我们可以通过建立实体模型来进行测度。所谓正确的实体就是建立指控组织内的物理平台资源和决策实体的准确描述。而对于过程、结构以及使命环境这些概念而言,若想建立测度参数和测度方法,则需要准确理解它们之间的关系。我们可以依据使命环境来确立组织结构和过程,而建立过程,即建立任务流程是组织能够高效运作并完成使命任务的关键环节,结构则是过程能否有效实施的保证。[②]

为了对指控组织的概念进行有效的测度,从而进一步研究合理设计指控组织的依据,可建立包括使命环境层(L_1)、组织过程层(L_2)和组织结构层(L_3)这三个抽象层次来描述指控组织的概念。

第一层,使命环境层(L_1)。在描述指控组织所处的使命环境时可用此概念,通常采用稳定性(s)和复杂性(c)两个特性来对使命环境进行测度。由于使命环境的复杂性而产生的差异对组织模式设计的要求有所不同,因此,就需要建立能与不同的作战指挥环境特征相适应的组织结构模式。这些组织结构模式包括组织架构的柔性或刚性、集中式或分散式等。

第二层,组织过程层(L_2)。在军事指挥领域研究中,采用基于过程效果的思想来对军队组织过程进行设计与评估,其中,对执行组织使命的任务流程或行动过程采用过程的有效性来度量。组织过程一般存在

---

① 阳东升、张维明、刘忠等:《C2 组织的有效测度与设计》,载《自然科学进展》2005 年第 3 期,第 349 – 356 页;阳东升、张维明、刘忠等:《C2 组织结构设计:平台—任务关系设计》,载《火力与指挥控制》2006 年第 3 期,第 9 – 13 页。

② Levchuk G M et al., "Congruence of Human Organizations and Missions: Theory Versus Data," *Proceedings of the International Command and Control Research and Technology Symposium* 6, (2003).

串行、并行和串并交叉这三种关系。

第三层，组织结构层（L_3）。对指控组织决策实体、平台实体与作战任务这三者之间的指控关系，我们可通过构建指控组织结构来体现，而该组织结构往往是十分复杂的，这就要求组织的作战行动必须进行高效的协同。[①] 这三者之间主要包括三个层面的递进关系：一是平台在作战任务上的分配关系，可记为 R_{P-T}；二是决策实体—平台之间的控制关系，可记为 R_{DM-p}；三是决策实体间的组织层次结构（指挥控制结构）关系，可记为 R_{DM-DM}。

三、指控组织的设计流程

基于上述指控组织的分层描述及有效测度，在对组织所处的使命环境进行分析的基础上，在组织受到约束（包括决策实体与平台功能能力约束）的条件下，我们开展指控组织的设计工作。因此，指挥组织的设计，即建立执行组织使命的有效过程 G_T 和与这一过程及使命环境相匹配的组织结构 G_{or}，并由此来实现组织使命任务和作战目标。总之，在一次联合战役作战指挥中，本质上，指控组织的设计就是制订实现战役目标和执行作战任务的完整行动计划，指控组织设计流程关系如图1－2所示。

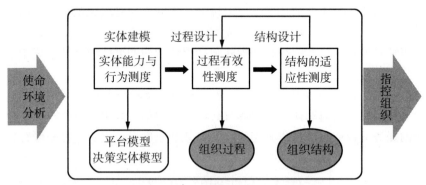

图1－2 指控组织设计流程关系

---

① Entin E E et al., "When Do Organizations Need to Change (Part II)? Incongruence in Action," *Faculty Publications*, (2003).

第四节 应急指挥协同研究的方法

一、Petri 网交互模型分析方法

在应急指挥协同中,决策者在应急组织中的指挥流程可按照图 1-3 进行。由此可知,应急组织中指挥者的决策行为是一种应急信息在组

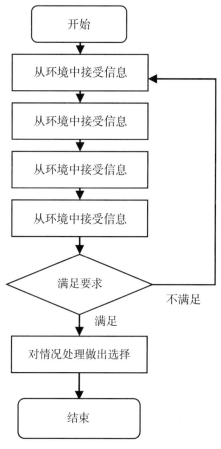

图 1-3 应急组织中指挥者的决策流程

织间转换和流动的过程,这样,应急指挥决策行为就可以通过建立 Petri 网模型来进行描述。因此,在理论上,描述与分析这种交互行为需要建立在单个决策人员信息处理与决策的 Petri 网模型基础之上。[1][2]

将应急指挥决策过程的 Petri 网模型建立起来,其主要思想是将应急指挥组织决策主体之间的交互作用建立在交互式决策主体的 Petri 网模型之上。

在图 1-4 中,一方面,应急指挥决策者(decision-maker,DM)可以在态势评估(SA)、信息融合(IF)和命令解释(CI)这三个过程中接受输入变量 x,在态势评估和输出选择过程中产生输出 y,且决策者之间的信息共享可界定为不同应急指挥决策者的态势评估与信息融合之间发生的信息交换;另一方面,一个应急指挥决策者的输出选择可向另一个应急指挥决策者的信息融合过程传递它的指挥决策信息,可将这类交互都归属于结果共享。如果前一个应急指挥决策者向后一个应急指挥决策者发布行动命令,即从一个 DM 的 RS 向另一个 DM 的 CI 传递决策信息,那么,这种交互作用体现了应急指挥中上级与下级的关系。因此,应急指挥决策者之间主要包括三种类型的交互作用:信息共享型、结果共享型和上下级命令型。

态势评估(SA)　信息融合(IF)　命令解释(CI)　输出选择(RS)

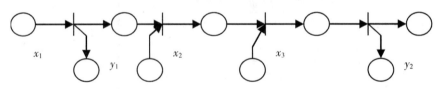

图 1-4　交互式指挥的 Petri 网模型

在基于交互式决策的 Petri 网模型中,主要存在两个应急指挥决策者 DM_i 与 DM_j 之间的交互,其中 i、j 为不同的应急指挥决策者,如图 1-5 所示。

---

[1] Remy P A, Levis A H, and Jin Y Y, "On the Design of Distributed Organizational Structures," *Automatica* 24, No.1 (1988): 81-86.

[2] Remy P A and Levis A H, "On the Generation of Organization Architectures Using Petri Nets," *European Workshop on Advances in Petri Nets* DBLP, (1986).

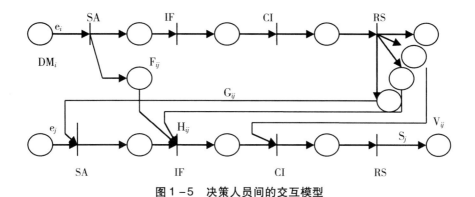

图1-5 决策人员间的交互模型

为了表述组织与外部环境之间的连接关系,环境的输入可用 n 维矢量 **E** 表示,其元素为 e_i,从 RS 到外部环境的输出用 n 维矢量 **S** 表示,其元素为 s_j;从 DM_i 的 SA 到 DM_j 的 IF 连接记为 F_{ij}。假设组织中有 n 个决策员,由于各 DM 可以与其余 $n-1$ 个 DM 分享情况发展变化信息,所以基于连接 F_{ij} 形成的矩阵 F 为 $n \times n$ 矩阵,矩阵的对角线元素为 0。同样,也可以建立 DM 之间的另外 3 个连接矩阵关系。

(1) G:从某一 DM 的 RS 到另一 DM 的 SA 的链接矩阵关系。
(2) H:从某一 DM 的 RS 到另一 DM 的 IF 的链接矩阵关系。
(3) V:从某一 DM 的 RS 到另一 DM 的 CI 的链接矩阵关系。

G、H 和 V 也为 $n \times n$ 矩阵,矩阵的对角线元素为 0。由此,可以建立组织的矩阵关系描述,如图1-6所示。

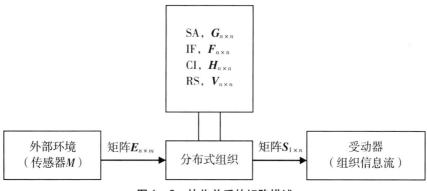

图1-6 协作关系的矩阵描述

如果协作单元是分布式的组织模式，则可采用 6 个矩阵关系描述，其中，$E_{n \times m}$ 为组织通过传感器同外部环境的交互，m 为传感器的个数。$S_{1 \times n}$ 为组织决策信息的流向，其目的为描述组织内的角色与外部的直接关系，表示将组织信息处理的最后结果转到受动器的过程。其余 4 个矩阵关系可表示为式（1 - 1）：

$$\begin{cases} G = [G_{ij}] \\ F = [F_{ij}] \\ H = [H_{ij}] \\ V = [V_{ij}] \end{cases}, \text{且 } i = j, \ G_{ij} = F_{ij} = H_{ij} = V_{ij} = 0 \quad (1-1)$$

因此，协同单元的六元组矩阵关系 G，F，H，V，E，S 各元素的取值不同就对应不同的组织结构。

总之，利用 Petri 网技术能够建立人的决策过程模型，所以，在军事组织的描述和建模设计与分析中得到广泛的应用。除以上研究外，还有不少学者提出了基于 Petri 网建模的许多新的概念和方法，如准静态适应性组织、准静态组织、可变结构决策组织（VDMO）和固定结构决策组织（FDMO）等。①

二、双层规划协同决策方法

（一）双层规划模型的应用背景

随着人类社会的不断发展，人们研究的实际经济社会问题的规模越来越大，构建的组织层次结构也日趋复杂，不同层级上的决策者都会面临不同的决策问题，这就需要根据自己的实际情况做出各自最优的决策。在较大规模的组织管理系统中，最高层级的决策者需要从整体上进行战略决策，较高层级的决策者自上而下地对下一级决策者进行管理和控制；而下一级决策者在上一级决策者的管理框架下，在其管理范围内行使决策权。因此，组织决策优化问题逐渐成为人们研究决策问题的焦

---

① Monguillet J-M and Levis A H, *Modeling and Evaluation of Variable Structure Organizations*. In Toward a Science of Command Control and Communications（Washington D C：AIAA Press，1993）.

点。其中，在目前组织管理和决策优化中，多层规划理论与方法的应用是一个重要的研究领域。

在组织多层决策问题的研究中，常常以双层决策问题作为切入点，可将任何多层组织决策系统视为一系列双层决策系统的复合。[①] 最早的双层规划数学模型是由 Bracken 和 McGill（1973）提出的，而双层规划和多层规划的概念是 Candler 和 Norton（1977）提出的。经过几十年的发展和研究，双层规划的理论与方法已广泛地在社会经济、企业管理、工程技术及军事指挥等具有层次递进关系的系统研究中运用，如社会经济中企业间的供应与销售之间的关系、大型企业组织结构中的总部与子公司之间的关系、军事作战指挥中的兵力部署与指挥关系、企业组织管理中的部门上、下层级关系，工程设计中的控制变量和状态变量的关系等。

总之，双层规划模型的目标就是对上述系统的决策和管理进行数学建模分析以使整个系统发挥最大效益。它是为定量描述双层决策系统优化问题而建立的数学模型，可以有效解决具有二层递阶结构系统的优化问题。其解决问题的思路是，首先，建立所有层级决策者的目标函数和约束条件；其次，由上层决策者先给定一个决策变量，下层决策者以这个决策变量为参量，在可能的范围内，根据其目标函数和约束条件来求得一个最优值，并将自己的最优决策反馈给上层决策者；最后，上层决策者再在下层决策者的最优决策基础上，在可能的范围内，求得组织整体决策上的最优解。

双层规划模型的理论和方法是研究应急指挥组织协同理论的基础之一。但是应急指挥组织所面临的外部环境是具体的、复杂多变的。所以，应用双层规划理论与方法解决应急指挥组织决策优化问题时，对其约束条件要根据具体环境进行分析，当出现约束条件为离散的应急决策规划时，其算法的设计和求解都相当困难。

（二）基于双层规划的应急协同结构优化模型

应急指挥组织的决策结构包括纵向层次结构的子系统和横向具有平

[①] Bialas W F, Chew M N, "On Two-level Optimization," *IEEE Transactions on Automatic Control*, AC – 26（1982）：211 – 214.

行对等功能的子系统,而各子系统的决策行为是相互关联和相互影响的,其相互作用和影响形成了组织的最终决策。尤其是在当代,随着组织结构扁平化被广泛采用,我们进一步研究多层结构时,也是基于两层结构的。所以,通常采用两层结构来分析交叉递阶结构问题。

如前所述,假设应急指挥组织中所有决策结点均有自己的决策变量和目标函数,上层决策者可以通过其决策和命令对下层决策者进行管理和控制,下层决策者可以根据各自目标来进行决策,且这些决策反过来将对其上层和其他下层决策者产生影响。那么,整个应急指挥组织管理系统的协同就是一个典型的非线性优化问题。

对于应急指挥组织来说,其交叉递阶结构决策流程如图1-7所示。

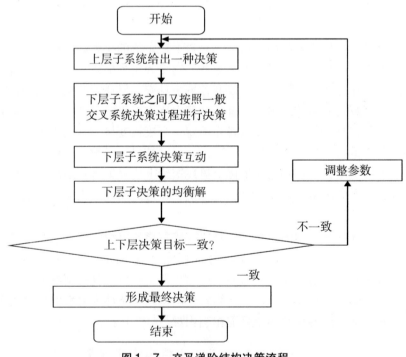

图1-7 交叉递阶结构决策流程

假设在应急组织中,协同的上层为 x,下层为 y,则可建立如式(1-2)所示的双层规划模型。

$$\begin{cases} \max\limits_{x,y} F(x,y) \\ s.t. \begin{cases} G(x,y) \leq 0 (y \text{ 对每个 } x \text{ 取值,是下层规划的最优解}), \\ \max\limits_{x,y} f(x,y) \\ s.t.\ g(x,y) \leq 0 \end{cases} \end{cases}$$
(1-2)

其中, $x \in \mathbf{R}^{n_1}$ 为上层决策变量, $y \in \mathbf{R}^{n_2}$ 为下层决策变量; $F: \mathbf{R}^{n_1+n_2} \to \mathbf{R}^1$ 上层目标函数, $f: \mathbf{R}^{n_1+n_2} \to \mathbf{R}^1$ 为下层目标函数; $G: \mathbf{R}^{n_1+n_2} \to \mathbf{R}^{m_1}$ 为上层约束域, $g: \mathbf{R}^{n_1+n_2} \to \mathbf{R}^{m_2}$ 为下层约束域, 即在应急指挥行动中制定的一系列规则; 对 x 和 y_i, 它们分别是上层决策者和第 1 个下属的决策向量。这里 $x \in \mathbf{R}^{n_1}$ 和 $y = \{y_1, y_2, \cdots, y_i, \cdots, y_m\} \in \mathbf{R}^{n_2}$ 分别是上层决策和下层决策单元的向量, m 是下层决策子单元的数量。

根据下层决策者向上层决策者的最佳反应形式的不同, 可划分出"解型"和"值型"这两种类型的双层规划模型。

第一, "解型"双层规划, 即以应急组织下层行动单元规划的最优解作为反应信息, 并反馈到上层组织单元中。

如果 $\Omega(x,y) = \{(x,y) \mid G(x) \leq 0, g(x,y) \leq 0\}$ 为约束空间, 则对每一个 x, 下层的可行集为:

$$\Omega(x) = \{y_i \mid g_i(x,y_i) \leq 0\} \quad (1-3)$$

其最优解为:

$$Y(x) = \{y_i \mid y_i \in max\{f(x,y_i) : y_i \in \Omega(x)\}\} \quad (1-4)$$

对每一个 x 和 $y_i \in Y(x)$, 其下层的最优解为:

$$v(x) = f(x,y_i) \quad (1-5)$$

鉴于以上分析和定义, 对双层规划, 其整体合理反应集合为:

$$IR = \{(x,y_i) \mid (x,y_i) \in \Omega, y_i \in Y(x)\} \quad (1-6)$$

集合中 (x, y_i) 为双层规划的整体合理反应解。

第二, "值型"双层规划, 即将下层应急单元规划的最优值反馈到上层应急单元规划中。

假定"值型"双层规划下层有 m 个子单元, 记 $M = \{1,2,\cdots,m\}$, 其决策变量分别为 $y = (y_1, y_2, \cdots, y_m), y_m \in \mathbf{R}^{n_m}, m \in M$, 上层子系统的决策变量为 $x \in \mathbf{R}^{n_0}$, 记 $n = \sum\limits_{i=1}^{m} n_i$, 如果上层子单元的约束条件为

$G(x) \leq 0$，则对任意的 $m \in M$，下层第 m 子系统的目标使 $f_m(x, y_m)$ 达到最大，其约束为 $g_m(x, y_m) \leq 0$。

设 $z_i(x)$ 是下层 m 子系统应急单元规划在参数为 x 时的最优值，其中 $z(x) = \{z_1(x), z_2(x), \cdots, z_m(x)\}$，上层的目标使函数 $F(x) + k^T z(x)$ 达到最大，则"值型"双层规划的模型为：

$$\begin{cases} \max\{F(x) + k^T z(x)\} \\ s.t. \begin{cases} G(x) \leq 0 \\ z(x) = \{z_1(x), z_2(x), \cdots, z_m(x)\} \\ z_i(x) = \max f_m(x, y_m) \\ s.t.\ g_i(x, y_m) \leq 0 (m \in H) \end{cases} \end{cases} \quad (1-7)$$

式中，$F: \mathbf{R}^{n_0} \to \mathbf{R}^1$，$G: \mathbf{R}^{n_0} \to \mathbf{R}^{m_0}$，$f_m: \mathbf{R}^{n_m+n_0} \to \mathbf{R}^1$，$g_m: \mathbf{R}^{n_m+n_0} \to \mathbf{R}^{m_m}$，$m \in M$。

由于下层应急单元规划的最优值是唯一的，因此，上层单元的子规划也是唯一的，这样就能将问题的复杂程度大大降低。实际上，在20世纪70年代，人们就开始研究并建立了双层（多层）规划模型的理论与方法，以进一步分析递阶系统的优化问题，提出了其最优性的条件，并构建了许多有效的一般模型。[1]

总之，对图1-3所示的典型应急指挥组织结构，可用双层规划模型对其协同行为进行刻画。构建这种应急指挥组织结构，其目的是通过不同层次应急指挥决策结点的协同决策来实现应急指挥组织整体决策最优的目标，即实现总目标的最大化。而在实际应急组织指挥协同行动中，不同层级应急指挥决策者的约束条件和目标函数可能是离散的，并且约束条件是一系列协同规则和机制，很难用连续函数来描述，这就加大了求解的难度。所以，利用双层规划模型的理论和方法来求解应急指挥组织的协同问题要根据具体问题而定。

三、基于信息熵法的应急指挥协同决策

1948年，受 Boltzmann 的影响，Shannon（1948）首先在信息理论

---

[1] 王广民、万仲平、王先甲：《二（双）层规划综述》，载《数学进展》2007年第5期，第513-529页。

中将统计熵作为基本组成部分进行推广应用，在此基础上，Jaynes（1957）提出最大信息熵原理。"熵"不仅是物理学中极为重要的概念和物理量，而且在数学、生物学、化学、信息论、控制论、经济学乃至社会科学等领域都有广泛的应用。

信息熵是信息理论中的统计熵，而信息熵方法把人和系统看作信息处理者和信息系统，使用信息熵来描述协同单元的决策行为。具体说，就是把系统中总的不确定性看成系统的总活动量，人是"有限理性"限制决策的主体，对系统的不确定性和人的"有限理性"约束可用熵来进行量化与对比。

（一）熵及决策描述

设随机变量 X 的取值为 $x_i(i=1,2,\cdots,n)$，相应的出现概率为 $P(x_i)$，且 $\sum_{i=1}^{n}P(x_i)=1$，随机变量 X 可表示如下：

$$X:\begin{cases} x_1,x_2,\cdots x_n \\ P(x_1),P(x_2),\cdots,P(x_n) \end{cases} \quad (1-8)$$

则随机变量 X 的熵定义为：

$$H(X) = -\sum_{i=1}^{n}P(x_i)\lg P(x_i) \quad (1-9)$$

$H(X)$ 可以看成它所携带的平均信息量，也表示 X 的平均不确定性。当 X 的某一概率取值为 1 时，$H(X)=0$，即不携带任何信息量；当所有 x_i 取等概率值时，$H(X)=\lg(n)$，变量 X 携带的信息量最大。

条件熵定义为：

$$H(X_2|X_1) = -\sum_{x_1}P(x_1)\sum_{x_2}P(x_2/x_1)\lg P(x_2/x_1)$$
$$= -\sum_{x_1 x_2}P(x_1,x_2)\lg P(x_2/x_1) \quad (1-10)$$

$H(X_2|X_1)$ 为已知 X_1 时，X_2 所具有的平均不确定性，其中 $P(x_1,x_2)$ 是 X_1 和 X_2 的联合概率，$P(x_1,x_2)=P(x_1)P(x_2/x_1)$。根据式（1-10），$H(X_2|X_1)$ 可进一步表示为：

$$H(X_2|X_1) = H(X_1,X_2) - H(X_1) \quad (1-11)$$

式中，$H(X_1,X_2)$ 为 X_1 和 X_2 的联合熵，可理解为熵的分解规划，即 X_1

和 X_2 的不确定性可划分为两部分,即已知 X_1 和 X_2 的不确定性,已知 X_2 或 X_1 的不确定性。

(二) 熵的传输

传输是对随机变量之间关系的度量,记两个相关随机变量 X_1 和 X_2 之间的信息传输为 $T(X_1:X_2)$,则传输可定义为:

$$\begin{aligned} T(X_1:X_2) &= H(X_1) - H(X_2|X_1) \\ &= H(X_2) - H(X_1|X_2) \\ &= H(X_1) + H(X_2) - H(X_1,X_2) \end{aligned} \quad (1-12)$$

当 X_1 和 X_2 独立时,传输量为零;当一个变量能确定另一变量时为最大。若一个组织 O 含有 n 个随机变量,记 $O = \{X_1, X_2, \cdots, X_n\}$,则 n 维随机变量之间的传输可表示为:

$$T(X_1:X_2:\cdots:X_n) = \sum_{i=1}^{n} H(X_i) - H(X_1,X_2,\cdots,X_n) \quad (1-13)$$

式 (1-13),表示组织内各随机变量之间的关联程度,是对组织内部协调量、互相依赖性或内部凝聚力的定量描述。

(三) 应急指挥组织中信息熵划分规则

设突发事件发生后所建立的应急组织 O 有 $N-1$ 个内部随机变量 $W_1, W_2, \cdots, W_{N-1}$,一个输入端随机变量 X,则组织信息熵划分规则可表示为:

$$\begin{aligned} \sum_{i=1}^{N} H(W_i) &= T(X:Y) + T_Y(X:W_1,W_2,\cdots,W_{N-1}) + \\ &\quad T(W_1:W_2:\cdots:W_{N-1}:Y) + H(X|W_1,W_2,\cdots,W_{N-1},Y) \end{aligned}$$
$$(1-14)$$

依据组织的信息传输特点,式 (1-14) 可进一步表示为:

$$G = (G_t + G_b + G_c + G_n) \quad (1-15)$$

式中各符号含义解释如下:

$G = \sum_{i=1}^{N} H(W_i)$,称为总熵(或总活动量);总熵 G 是组织中单个随机变量熵之和。

$G_t = T(X:Y)$,称为流通量;流通量 G_t 测量输入与输出端随机变量间的关联程度。

$G_b = T_Y(X:W_1,W_2,\cdots,W_{N-1}) = T_Y(X:W_1,W_2,\cdots,W_{N-1},Y) - G_t$，称为阻塞量；阻塞量 G_b 测量流入到组织的熵与从组织输出的熵之差。

$G_c = T(W_1:W_2:\cdots:W_{N-1}:Y)$，其中 G_c 被称为协调量；协调量 G_c 测量所有 W_1 到 W_N 之间随机变量协调量，表征组织内部互相依赖性和内部凝聚力。G_c 可以看作组织内部的通信量，也可以看作组织为成功完成任务所要求的协作量。通常，组织面对的问题越复杂，则 G_c 越大，有时占 G 的绝大部分。G_c 反映了组织所面对问题的复杂性。

$G_n = H(X|W_1,W_2,\cdots,W_{N-1},Y)$，称为噪声量或内部决策量；噪声量 G_n 表征在输入端随机变量 X 已知的情况下有关组织的不确定性。

（四）基于组织熵的应急决策模型

信息熵的引入为组织决策模型的建立和性能分析奠定了基础。在信息化应急指挥中，指挥员的决策模式又分为单个指挥员的自主决策和多指挥员之间的协同决策。

1. 单决策模型及其组织熵

决策组织中单决策员模型反映了人做决策时的四个基本步骤，即态势评估（SA）、信息融合（IF）、命令解释（CI）和输出选择（RS）。基于单决策模型，决策组织 S 可以看成由四个子系统构成的系统，即 $S = (S^I, S^A, S^B, S^{II})$，系统的输入变量包括 x, z' 和 v'，其中 z' 和 v' 是从其他 DM 而来的，系统输出端变量为 y，系统内部决策变量为 u 和 v，f_i 和 h_i 为相应的内部决策算法。

根据信息熵划分规则，组织总的活动量 G 可表示为：

$$G = G_t + G_b + G_c + G_n \quad (1-15)$$

式中，G_t 为流通量，根据其熵的含义，它是组织中输入端随机变量 x, z' 和 v' 到输出端变量 y 之间的传输量，可表示为：

$$G_t = T(x, z', v': y) \quad (1-16)$$

G_b 为阻塞量，可近似地表示为：

$$G_b = H(x, z', v') - G_t \quad (1-17)$$

G_n 为噪声量，也称为内部决策量，在组织中 G_n 依赖于决策函数 $P(u)$ 和 $P(v/Z)$，故 G_n 可表示为：

$$G_n = H(u) + H_Z(v) \quad (1-18)$$

G_c 为内部协调量,根据其熵的划分和含义,在组织四个子系统之间的内部协调量可表示为:

$$G_c = T(S^{\mathrm{I}}:S^A:S^B:S^{\mathrm{II}}) + G_c^{\mathrm{I}} + G_c^A + G_c^B + G_c^{\mathrm{II}} \qquad (1-19)$$

式中,G_c^{I}、G_c^A、G_c^B 和 G_c^{II} 分别为 S^{I}、S^A、S^B 和 S^{II} 子系统内部变量之间的协调量。[1]

2. 两人决策模型及其组织熵

由于通信和网络技术的发展及其广泛应用,在信息化背景下,应急指挥不再以一种集中的方式实现,而是由分布在灾区不同区域的指挥员进行并行决策或协同决策。由此,建立组织的多人决策模型成为必要。这里重点分析基于信息熵的两人决策模型及决策组织的描述,多人决策模型也可采用类似的方法进行分析。外部环境信息 x 经过划分矩阵按 $x^j = \Pi^j x, (j=1,2)$ 分别输入至 DM_1 和 DM_2。DM_1 为组织中辅助决策员,接收较为详细的信息,并有两个 SA 的算法(f_1 和 f_2)可供选择,SA 的输出 z^1 至 IF 后,与从 DM_2 来的 z^2 综合成 Z^1。DM_1 无 CI,其 RS 只有一个算法 h,所产生的 v^1 可解释为 DM_1 对态势的评估,并被送至 DM_2 的 CI;DM_2 为组织中的主要决策员,接收较少的信息,且其 SA 只有一个算法 f,所产生的输出 z^2 与从 DM_1 来的 v^1 结合产生输出 V^1,DM_2 的 RS 有两个算法 h_1 和 h_2,所产生的 y 是整个组织的输出。

根据单决策模型组织熵的描述,可分别导出 DM_1 和 DM_2 在组织中的总活动量。DM_1 的行为只有 SA、IF 和 RS,其包括输入变量 x^1 和 z^2,一个输出变量 v^1,一个内部决策变量 u^1 等。DM_2 的行为包括 SA、CI 和 RS,包括输入变量 x^2 和 v^1,输出变量 z^2 和 y,一个内部决策变量 v^2,由此,由 DM_1 所导致的组织活动量如表 1-3 所列。

---

[1] Boettcher K L and Levis A H, "Modeling the Interacting Decisionmaker with Bounded Rationality," *IEEE Transactions on Systems, Man and Cybernetics* 12, No. 6 (1982): 334–344.

表1-3 两人决策时组织活动量

名称	流通量	阻塞量	内部决策量	协调量	总活动量
DM_1 表达式	$G_t^1 = T(x^1,z^2:v^1)$	$G_b^1 = H(x^1,z^2) - G_t^1$	$G_n^1 = H(u^1)$	$G_c^1 = G_c^{I1} + G_c^{A1} + G_c^{II1} + T(S^{I1}:S^{A1}:S^{II1})$	$G^1 = G_t^1 + G_b^1 + G_n^1 + G_c^1$
DM_2 表达式	$G_t^2 = T(x^2,v^1:v^2,y)$	$G_b^2 = H(x^2,v^1) - G_t^2$	$G_n^2 = H_{z2}(v^2)$	$G_c^2 = G_c^{I2} + G_c^{B2} + G_c^{II2} + T(S^{I2}:S^{B2}:S^{II2})$	$G^2 = G_t^2 + G_b^2 + G_n^2 + G_c^2$

本章小结

本章介绍了城市群重大公共安全事件应急指挥协同的理论与方法，主要包括以下四个方面。

（1）协同学理论及管理协同理论。协同学是本书研究的理论基础之一，在分析协同学的主要理论观点及其应用的基础上，总结了协同学的主要原理。管理协同理论将管理和协同结合起来，运用协同学的基本理论和方法研究管理对象的协同规律，并在协同学主要原理的基础上总结了管理协同的主要原理。

（2）军事组织协同理论。军事组织理论中的协同是指不同的力量围绕一个共同目标的行动配合过程，它可以在多级结构的单位之间进行。比较分析了协同学理论与军事协同理论；接着介绍了军事组织的协同域，包括物理域、信息域、认知域和社会域；最后分析了军事组织中的群决策和协同决策。

（3）指挥控制（C2）组织设计理论，介绍了指控组织的概念和特征，并对其进行了分层描述，包括使命环境层 L_1、组织过程层 L_2 和组织结构层 L_3。

（4）应急指挥协同研究的方法。第一，Petri 网交互模型分析方法。Petri 网方法在组织设计上的应用主要针对决策实体以及决策实体间的交互建模问题，是决策组织的建模工具手段，这一方法通过 Petri 网技术对决策组织进行建模与分析来设计组织。Petri 网方法在组织设计上的应用为指控组织设计提供了指挥实体建模分析以及指挥实体协作关系设计的技术基础。第二，双层规划协同决策方法，介绍了双层规划模型的应用背景，并构建了基于双层规划的应急协同结构优化模型。第三，基于信息熵法的应急指挥协同决策。信息熵法把人和系统看作信息处理者和信息系统，可使用信息熵法来描述应急组织单元的协同决策行为。

第二章　城市群重大公共安全事件应急指挥内涵

在区域中，多个城市发展到相对成熟阶段时，随着经济、信息、交通等要素联系得越来越紧密，就会形成城市群。作为人类聚居的一种高级空间形态，城市群具有高度聚集性、跨域性、多中心性、网络性等特征。因此，与单座城市相比，城市群由自然或人为因素引发重大公共安全事件的可能性更大，如社会风险源更多、公共安全事件等级更高、公共安全事件损失扩大等。[①] 所以说，正确认识城市群重大公共安全事件的内涵及特征，对实现城市群的可持续发展，维护相关区域的经济社会稳定具有重要意义。

本章首先界定了城市群重大公共安全事件的概念及内涵，通过与城市重大公共安全事件的对比，指出城市群重大公共安全事件的特征；其次探究了城市群重大公共安全事件应急指挥的本质与特征，剖析了城市群重大公共安全事件应急指挥要素及构成；最后分析了城市群重大公共安全事件应急指挥各要素之间的联系。

第一节　城市群重大公共安全事件的概念界定

由于城市群重大公共安全事件的相关研究处于起始阶段，且相关文献较少，其概念目前尚无明确的界定，学术界的研究主要集中在城市突发事件的问题上。关于突发事件，提出的相关概念有重大突发事件[②]、

---

① 李强、陈宇琳：《城市群背景下社会风险综合分析框架初探》，载《广东社会科学》2012年第2期，第190-200页。
② 佘廉、王超：《我国政府重大突发事件预警管理的现状和完善研究》，载《管理评论》2005年第11期，第35-40页。

重大危机事件[①]、非常规突发事件[②]和重大公共安全事件[③]等，这些是学者从不同角度对突发事件概念的一些基本要素进行界定的结果，可以看出对其概念的理解各有侧重点。对重大公共安全事件的概念很难取得共识，其原因主要有三：一是其概念来自灾害与危机管理，而几十年来学术界对这两者的概念也没有达成一致；二是目前的界定很大程度上都是据突发事件的后果来对重大公共安全事件进行衡量的，这容易导致对其概念的界定有危害化的倾向；三是通常侧重于从事件发生的突然性视角来分析重大公共安全事件，这就容易忽视事件的快速扩散性与衍生性给经济社会造成的严重损害。因此，从重大公共安全事件的字面来理解，突发事件的发生与公共安全事件不一定存在必然的联系。如高速公路上发生的交通事故属于突发事件，会造成一定的财产损失和人员伤亡，但不一定造成公共交通的衍生事件，采用常规手段即可应对，因而不会对经济社会造成严重影响。而本文研究的重大公共安全事件是会影响社会系统稳定性的事件，故用此概念来表达重大突发事件的内涵和特征能够更完整和清晰。

一、城市群重大公共安全事件的概念

对城市群重大公共安全事件的科学界定，是系统进行相关问题研究的起点。虽然目前国内外学术界对重大公共安全事件的名称界定不一，但对内涵性质的认识有相同之处，即难以有效的预测预警、蔓延扩散过程（即演化规律）的高度复杂性、影响后果的严重性和应对手段的非常规性。

我国目前划分突发事件等级的依据主要包括：人员伤亡数量、财产损失程度、灾情波及面积、社会影响面的大小、组织影响、区域影响、国家和国际影响等定量和定性条件。以此为依据，《国家突发公共事件

[①] 李湖生：《重大危机事件应急关键科学问题及其研究进展》，载《中国安全生产科学技术》2008年第5期，第13-18页。
[②] 韩智勇、翁文国、张维、杨列勋：《重大研究计划"非常规突发事件应急管理研究"的科学背景、目标与组织管理》，载《中国科学基金》2009年第4期，第215-220页。
[③] 钱刚毅、佘廉、张凯：《重大公共安全事件的预警及应急管理：现实挑战与发展建议》，载《科技进步与对策》2007年第6期，第25-28页。

总体应急预案》中对自然灾害事件、事故灾难事件、公共卫生事件和社会安全事件的等级进行了划分,包括特别重大、重大、较大和一般四级。我们可以发现,确定事件级别的重要因素之一,就是应急救援处置的组织领导部门层次、参与救援力量的规模和社会化程度。此外,人员伤亡情况、直接经济损失等指标也是划分突发事件等级的关键因素。依照有关统计资料所获取的数据,可以对特别重大、重大突发事件利用表格进行如下表述(见表2-1)。

表2-1 重大公共安全事件影响程度

灾害类型			影响程度			
			特别重大		重大	
影响类别			人员死亡(人)	直接经济损失(千万元)	人员死亡(人)	直接经济损失(千万元)
事件类型	事故灾害		≥30	≥10	10~30	5~10
	自然灾害	海洋灾害	≥30	≥5	10~30	1~5
		森林火灾	≥30	/	10~30	/
		环境灾害	≥10	≥10	3~10	2~10
		地质灾害	≥30	≥1	10~30	0.5~1
		气象灾害	≥30	≥5	10~30	1~5
		地震灾害	≥300	受灾省区上年GDP的1%	50~300	/
	公共卫生事件		/	/	≥10	/
	社会安全事件		≥10	/	3~10	/

结合我国政府在突发事件"分级管理"的应急救援管理模式下所确立的不同级别突发事件的领导管理层次(见表2-2),我们可以看出,特别重大或重大突发事件不仅在影响范围和破坏程度上达到了一定的标准,而且其应急救援必将由省级以上政府或国务院组织领导,进行跨区域合作,动员全社会力量共同参与。

表2-2　突发事件政府分级应急管理情况

政府级别	灾害级别			
	特别重大（Ⅰ）	重大（Ⅱ）	较大（Ⅲ）	一般（Ⅳ）
国家	√			
省级		√		
市级			√	
县级				√

因此，结合国内学者关于城市群①和重大公共安全事件②概念的界定，本文给出以下定义：覆盖城市群的重大公共安全事件是由某一个或多个风险因素引发的，其发生具有极大的不确定性，演化扩散机理复杂多变，常规应对手段和方式失效，对特定区域内人员生命、物质财产和生态环境造成重大危害，甚至对国家和社会稳定会造成严重冲击，依靠单座城市的资源和力量难以应对，需要多个城市的应急救援力量共同参与、协同应对的突发事件。

二、城市群重大公共安全事件的内涵

对于城市群重大公共安全事件的定义，可以从以下三个方面来理解。

（一）城市群重大公共安全事件是多风险因素复合引发的

这是指引发城市群重大公共安全事件的风险因素往往有多个。随着城市化进程的推进，城市群成了各种突发事件频发的区域，一方面，城市群的脆弱生态系统使得城市受自然灾害的严重威胁；另一方面，城市交通事故、火灾以及环境污染等人为灾害也呈现出扩大的趋势。

---

① 方创琳、姚士谋、刘盛和：《2010中国城市群发展报告》，科学出版社2011年版，第4页。
② 钱刚毅、佘廉：《重大公共安全事件的预警及应急管理》，载《科技进步与对策》2009年第12期，第25-28页。

城市群所覆盖地区的人口数量更多、人口密度更大，而且人口结构也十分复杂，这使得由人为事故引发灾害的可能性大大增加。城市群作为人类现代社会一种高度发展、成熟的聚居形式，为支撑城市群正常地运转有十分复杂、庞大的系统，涉及通信、交通、电力、供排水等基础设施建设，工业、建筑等多项产业功能布局，以及城市管理和配套服务等多个方面。因此，与传统相对简单的聚居形式比较而言，城市群发生重大公共安全事件、引发社会风险，导致重大人员及财产损失的可能性大为增加。引发城市群重大公共安全事件的风险因素主要包括：自然因素、人为因素、公共卫生事件、社会安全事件等（见表2-3）。

表2-3 重大公共安全事件的引发因素

诱发因素	形 式
自然因素	海洋灾害、气象灾害、环境灾害、地震灾害、地质灾害等。如飓风、海啸、地震、崩塌、泥石流、山体滑坡、森林火灾、生物灾害等
人为因素	公路、铁路、河海运输及航空交通运输事故，工、矿、商、贸领域安全生产事故，公用基础设施事故，危化品事故，环境污染与生态破坏事故等
公共卫生事件	造成或可能造成公众健康危害的重大传染性、群体性疾病，食品安全卫生事件等
社会安全事件	以威胁公众生命或财产为目标的恐怖主义事件、大规模群体性事件、社会动乱、经济危机等

（二）城市群重大公共安全事件涉及的利益群体是多元化的

这里的利益群体多元化包括两方面含义，一方面是影响利益群体的多元化。城市群往往是国家或区域的政治、经济、工业、金融中心，城市之间拥有发达的交通、通信等基础设施网络，由于城际的空间紧凑、经济联系紧密，使得重大公共安全事件的发生不仅会给城市的相关群体（政府、企业、公众等）造成巨大的生命和财产损失，而且随着事件的扩散、影响范围的扩大，可能会给其他国家或地区造成影响。以2005

年松花江水污染事件为例,中国石油吉林石化公司双苯厂发生着火爆炸事故,并由此造成松花江流域水污染,受影响的城市有哈尔滨、佳木斯等。由于松花江水最终会流入俄罗斯境内,这次事故也引起了俄罗斯政府的关注。松花江水污染事件是近年来国内爆发的首例具有重大国际影响的城市生态环境危机事件,由城市生态危机转变成社会危机,甚至引发了国际危机,影响了中国政府在国际社会中的形象。另一方面是参与应对主体的多元化。应对城市群重大公共安全事件涉及多个应急参与主体,包括政府、军队、企业、媒体、非政府组织和个人等。

因此,重大公共安全事件的复杂性往往体现在危机自身的多面性和涉及利益的多元性。当公共安全事件爆发时,所在城市群的政府、社区、企业、居民、媒体都会直接卷入事件发展过程中。随着事态的蔓延,更高层级的政府、范围更广泛的媒体及其他相关组织和机构都会将注意力投向该事件。这就呈现出多主体参与的状态,① 此时需要解决以下三个问题:一是如何界定利益相关方,各方拥有哪些合理利益;二是如何合理调动多元应急主体参与到事件的应对;三是如何使多元应急参与力量之间有效整合,保证应急指挥的有序性,形成团队合力,实现协同应对。

(三) 城市群重大公共安全事件的演化过程是多阶段、动态的

城市群重大公共安全事件存在多个阶段,从而应急指挥也应该针对多个阶段来进行分析,采取不同策略来应对。按照相关研究目的和标准,可将突发事件演化分为形成、耦合、传播、扩散、蔓延、变异、消亡等阶段,从而分析其中存在的复杂规律。动态性则是指,重大公共安全事件的发生、扩散、演化等多个阶段中的影响因素是不同的,是发展变化的。因此,可根据重大公共安全事件演化过程的特征,从动态、多阶段的应急指挥决策视角开展研究。针对具体的重大公共安全事件,利用动态规划技术和计算机智能技术等手段可建立多阶段的应急决策理论

---

① 贾学琼、高恩新:《应急管理多元参与的动力与协调机制》,载《中国行政管理》2011年第1期,第70–73页。

模型。①

（四）城市群重大公共安全事件的应急指挥是多人、多目标的

城市群重大公共安全事件应急指挥在决策时，考虑的目标应该是多个的，如在决策如何科学合理地配置应急资源时，需要同时考虑的目标还包括最大限度抢救人员、成本最低、路径最短、时间最短等。因此，城市群重大公共安全事件应急指挥决策是典型的多目标动态应急决策问题。这就需要科学评估两个或多个通常相互矛盾的目标，并拟定多个行动方案，然后从备选方案中选取最佳方案并且执行。一般来说，要同时达成多个相互矛盾的目标是较难实现的，故应寻求多目标的最优化，其实质是在满足所有约束条件的前提下，在多个决策目标间寻求妥协的过程（Dyer，Fishburn，et al.，1992）。

应急管理专家 Tufekci 和 Wallace（1998）认为，本质上，应急管理是一个非常复杂的多目标优化问题。由于重大公共安全事件具有复杂多变的演化规律，因此应用传统的决策理论很难有效解决。伴随现代信息技术与计算机技术的快速发展，将多目标决策研究方法和技术应用于重大公共安全事件应急指挥决策中是近年来形成的研究热点。针对重大公共安全事件的多主体和多目标特征，可通过建立多目标群体智能应急决策模型来计算和分析，并提出有效的解决方案。

三、与城市重大公共安全事件的比较分析

城市重大公共安全事件是指在单座城市区域发生的，在人们进行社会生产与生活的进程之中，可能对城市的运转、基础设施、公众的生命安全、财产及生态环境造成重大危害或严重经济损失的突发事件。如火灾、洪灾、传染病、化学品爆炸、毒气泄漏、恶性重大交通事故、恐怖袭击等。城市重大公共安全事件会造成重大生态环境破坏、重大人员伤亡、重大财产损失、重大生态环境破坏，影响和威胁本区域甚至会造成

---

① 彭怡、邬文帅等：《突发事件多目标动态应急决策研究综述》，载《电子科技大学学报（社科版）》2011年第2期，第37－41页。

全国经济社会稳定和政治安定局面等重大社会影响。具体说来，城市重大公共安全事件可能造成城市资源的损失、城市经济社会发展规划被打断、城市投资环境和生态环境的恶化、城市社会安全的不稳定等后果。[①] 目前，国内外学者关注较多的是城市重大公共安全事件及其相应的应急管理问题，这与本节所研究的城市群重大公共安全事件存在一定的区别和联系，主要体现在三个方面。

（一）城市群重大公共安全事件发生的地域范围更广

城市重大公共安全事件如发生在一座城市内，会对该城市造成较严重的经济社会损失，而城市群重大公共安全事件会波及联系紧密的多座城市，造成整个城市群的重大损失，甚至可能会波及全国乃至国外，并造成一定的国际影响。由于城市群重大公共安全事件本身的难以预测性和扩散蔓延的难以控制性，导致其发生后会影响更大的地域和空间范围，因此，"跨域应急管理"是其重要的特征。例如，2003 年发生的"非典型肺炎"危机事件，从 2002 年 11 月 16 日在中国广东省佛山市首个报告病例被发现开始，至 2003 年 5 月 18 日时，非典型肺炎疫情扩散至东南亚并波及全球 31 个国家和地区，其中中国内地的感染者人数为 4698 人，中国大陆境内几乎所有的省份都有所波及。从非典型肺炎疫情的整个蔓延过程来分析，由于非典型肺炎病毒的高传染性和高扩散性，加上当时政府对非典型肺炎病毒的认识不深，未能及时采取措施进行有效控制，而由广东省很快扩散到全国绝大部分省份，最终波及全球 31 个国家和地区。这正体现了城市群重大公共安全事件具有更广阔的地域和空间范围。

（二）城市群重大公共安全事件具有更强的破坏性

与城市重大公共安全事件相比，城市群重大公共安全事件具有更强的破坏性。以 2005 年美国"卡特里娜"飓风为例，"卡特里娜"飓风在美国历史上发生的自然灾害中破坏性是最大的，其总的破坏程度大大超过诸如 1906 年旧金山大地震、1992 年"安德鲁"飓风等其他任何严

---

① 祝江斌、王超、冯斌、罗珊珍：《城市重大突发事件的政府预警管理模式刍议》，载《湖北社会科学》2006 年第 8 期，第 45－47 页。

重自然灾害。它不仅形成了异常强大的飓风,还引发了洪水,带来了灾难性的破坏。其中心强风范围超过103英里(约165.76千米),引发的风暴潮影响范围达到93000平方英里(约为240868.89平方千米),波及138个教区(美国路易斯安那州的一个相当于美国其他州的县的划区和县)。引发的洪水基本摧毁了新奥尔良市。此次灾害的地理分布非常广,强风和风暴潮给墨西哥湾沿岸和内陆的居民房屋、商业和工业造成致命打击。

表2-4 "卡特里娜"飓风造成的财产损失①

商业资产	200亿美元
住房	670亿美元
耐用消费品	70亿美元
政府资产	30亿美元
总计	970亿美元

(三)城市群重大公共安全事件造成的政治和经济影响更加深远

城市群重大公共安全事件所造成的政治和经济影响往往超过突发事件本身。2011年3月11日发生的日本大地震及其引发的海啸和福岛核电站泄漏事故给日本东北地区造成巨大损失。地震和海啸使得福岛第一核电站1—4号机组出现核泄漏事故,引发了核危机,对相关区域内的生态环境造成了严重破坏。此次地震、海啸和核泄漏危机给日本的政治和经济造成了巨大影响。

(1)对日本政治局势的影响。2011年2月,正是菅直人内阁执政地位岌岌可危,支持率不断下降的时候,而在3月11日发生了大地震。面对地震、海啸和核泄漏危机同时爆发的复杂局面,总体上民主党菅直人内阁的表现虽然存在很多不足,但其行动迅速,对突发事件的应对还是相对稳妥的。在发生地震6天后,菅直人内阁的支持率呈现出回升的

---

① 孙亮、顾建华:《美国政府对卡特里娜飓风的调查报告》,载《世界地震译丛》2008年第1期,第68-81页。

迹象。而地震后日本国内各政党之间、民主党内部不同派系之间也都呈现出举国一致抗震救灾的局面。①

（2）对日本经济及世界经济发展的影响。日本是世界制造业大国、金融大国、世界最大的债权国，同时也是世界上经济最发达的国家之一。这次地震的重灾区——东北部地区集中了汽车制造、石油化工、半导体材料、核能电力等很多重要产业工厂，是日本工业的集中地带，该地区经济规模占日本 GDP 的 8% 左右。地震严重破坏了日本东北地区的基础设施，包括铁路、公路、港口、通信、电力等使得该地区的经济社会运转陷入瘫痪状态。灾后由于各类生活物资极度短缺，加上民众心理恐慌，出现了抢购食品和日常生活必需品的现象；灾后日本及亚洲某些地区的金融证券市场也产生了动荡，如汇率急剧升高、股市暴跌等现象。此外，地震对日本经济造成了一定程度的中长期影响，其一是由核事故引发的能源短缺问题；其二是水产品、农产品的短缺问题；其三是灾后重建过程中财政资金短缺问题。②

四、城市群重大公共安全事件的特征分析

城市群是人类聚居的一种高级空间形态，是人类社会现代文明的重要象征，其具有经济高速发展、人口高密集性和高流动性、建筑物高度聚集等特点。城市群中各城市之间的联系越来越紧密，更容易遭受各类自然和社会风险因素的冲击，而且灾害扩散和蔓延速度更快。③ 因此，面对城市群重大公共安全事件，应科学地识别其特征，掌握其演化规律，从而为有效地应对提供科学依据。

（一）事件发生的难以预测性

这是指城市群重大公共安全事件发生前兆不明显，通常是前所未遇

---

① 冯绍奎：《日本大地震的政治、经济影响分析》，载《当代世界》2011 年第 4 期，第 17－20 页。
② 张季风：《东日本大地震对日本经济与世界经济的影响》，载《中国社会科学院研究生院学报》2011 年第 4 期，第 123－131 页。
③ 符礼勇、孙多勇：《城市群公共危机：中国城市化发展中的潜在危机》，载《社科纵横》2008 年第 11 期，第 62－63 页。

或突然发生而始料未及的超常态。而我们用来描述其状态的基本要素（包括发生的时间、地点、形态和性质）也具有高度不确定性。事件发生前我们难以对其进行准确预测和预警，事件发生一旦，往往会对正常的经济发展和社会秩序造成严重冲击，采用常规应急响应手段和措施难以有效应对，所需动用的各类应急救援资源远远超过本区域（甚至本国）的能力，对本区域经济和社会的中长期发展带来严重影响。

（二）演化机理的高度复杂性

这是指若将重大公共安全事件的产生、发展阶段看作一个整体的演化过程，那么重大公共安全事件爆发后，将与自然系统及社会系统相互作用，产生若干并行和次生突发事件，其爆发时间点和顺序的非同步性导致次生事件之间的蔓延和耦合存在着复杂的规律，而这也决定了重大公共安全事件整体过程的演化状态和趋势。目前，学术界根据研究目的和相关标准，认为重大公共安全事件演化过程中存在的复杂性规律，主要包括形成机理、耦合机理、扩散机理、变异机理、消亡机理等。在上述演化机理规律中，形成机理阐释事件爆发期演化的规律性；耦合机理说明外部环境影响因素对具体次生事件之间相互演化的作用关系；扩散机理说明重大公共安全事件演化过程中原生和次生事件之间发展蔓延的结构关系，能够清晰描述次生事件扩散蔓延的路径，分析外部环境影响因素对次生事件扩散的耦合作用；变异机理从更大的尺度阐释哪些次生事件集合性质产生变化，并分析其原因及影响因素；消亡机理则说明事件结束期演化的规律性。[1]

城市群重大公共安全事件的演化过程是一个复杂的系统性过程，讨论其演化过程中事件之间的非线性作用及其相应的决策作用，超越了传统突发事件应急决策的范畴。[2] 其发生与发展是一个具有高度复杂性和不确定性的大系统内的各种要素相互作用的复杂动力学演化过程，任何微小的扰动都将触发整个系统的连锁反应，带来灾难性的后果。因此，

---

[1] 吴国斌、钱刚毅、雷丽萍：《突发公共事件扩散影响因素及其关系探析》，载《武汉理工大学学报（社会科学版）》2008年第4期，第465-469页。

[2] 吴国斌、佘廉：《突发事件演化模型与应急决策》，载《中国管理科学》2006年第10期，第827-830页。

重大公共安全事件的动力学演化是目前危机事件应急研究的关键问题之一。[①]

（三）信息的高度不对称性

信息不对称理论是微观信息经济学研究的一个核心内容。信息不对称造成拥有较多信息的一方在决策时处于有利地位。与经济活动不同，应急中各领域、各地方参与决策的各方若存在信息不对称，对于参与应急的各方来说都是协同指挥决策中的一个重大问题，严重影响协同决策的效率和可靠性。如果不解决这种信息不对称的情形，在应对非常规突发事件时，参与协同的各方都将面临信息和知识缺失的决策难题，各方掌握的信息不同，且可互相补充，因此必须充分利用应急平台体系中的资源、多方协同机制和多方协同决策方法来共享信息、共同解决问题。

重大公共安全事件中难以预测与认知的部分具有事件链过程不明显或难以判别的特点，而同时，重大公共安全事件的应对往往也涉及不同地点、不同层次、不同行业的多个部门，且具有复杂得多主体性，这些特点使得多方信息不对称、单方信息不完整的情形在实际应急过程中普遍存在。如何在信息不对称情形下进行科学有效的应急管理？关键在于加强各方信息共享以及建立分布式协同决策模型。

（四）外部环境的约束性

城市群重大公共安全事件发生后，应急指挥者往往面临异常复杂的外部环境，其应急指挥决策也会受到外部环境约束条件的限制。

1. 约束条件之一：自然环境和社会环境的多变性

重大公共安全事件的发生会导致灾区的自然环境和社会更加复杂多变，而且这种变化是随机和动态的。这些因素会使应急决策具有一定的不确定性、模糊性，从而约束应急指挥者的判断和决策，使其陷入决策判断的盲区，以致出现应急决策的失误和偏差，带来不必要的损失。

2. 约束条件之二：应急指挥决策过程的高度复杂性

重大公共安全事件的应急决策是典型的非程序化决策，与常态下政

[①] 李湖生、姜传胜、刘铁民：《重大危机事件应急关键科学问题及其研究进展》，载《中国安全生产科学技术》2008年第5期，第14–19页。

府管理决策过程和模式有很大的差异，没有可供应急指挥决策者遵循的常规或惯用的决策模式。由于在短时间内会出现大量的人员伤亡和财产损失，在时间极其紧迫和信息不对称的状态下，应急决策步骤和过程呈现非程序化的特征。此时需要应急指挥决策者根据事件具体的发展变化情况权衡利弊、审时度势，并作出及时、准确、合理的决策。

3. 约束条件之三：应急救援资源的稀缺性

重大公共安全事件发生后，在短时间内需要大量的应急救援资源，此时，灾区的基础设施很可能已受到了严重的破坏而无法及时向灾区提供救援资源。这样就会出现应急救援人力、物资、资金、信息极度匮乏的现象。因此，为了最大限度地挽救人员生命和财产的损失，政府面临的难题是如何在资源稀缺的约束下，根据灾害的破坏程度和可支配应急资源数量进行适配的、连续的应急资源供应，从而使应急资源得到科学合理的配置。

4. 约束条件之四：应急指挥组织结构的刚性约束

在重大公共安全事件的复杂情境下，若仍按常态下的政府管理和决策模式构建刚性的应急指挥组织结构，往往会给各应急指挥决策者带来很大的限制，导致诸如冒险倾向度、临危决断力、政治考量、创新思维水平、体制性路径依赖度等方面出现不同结果，而影响决策者对应急指挥决策目标和任务的理解程度、对灾区现场反馈信息的及时性和准确性判断，以及对各种备选决策方案的评估等。

我们说，除了上述特征以外，城市群重大公共安全事件还具备一个重要特征，即跨域性。作为城市化快速发展的产物，城市群体系的构成往往与传统的行政区划不同，而现代城市群中各城市之间的联系日益紧密，一旦发生重大公共安全事件，就会迅速跨边界扩散、蔓延，使城市群整体正常功能遭受严重冲击，破坏城市群系统的稳定、有序。因此，城市群重大公共安全事件的应对会有多个城市的应急管理部门参与，那么如何实现有效跨域应急指挥就成为一个非常重要的理论问题。

第二节　城市群重大公共安全事件应急指挥的本质与特征

城市群重大公共安全事件应急指挥的本质与特性是研究应急指挥的基本理论问题，是应急指挥理论体系的重要组成部分，是研究其他应急指挥理论与问题的基础与前提。正确认识应急指挥的本质与特征，对于准确认识和把握应急指挥理论中的其他问题，如应急指挥要素、应急指挥组织与实施等，都具有十分重要的意义。

应急指挥对城市群重大公共安全事件的应对效果往往会产生决定性的影响。特别是针对城市群跨域性、多主体性的特征，在时间有限、资源有限、指挥环境复杂多变的情境下，研究如何提升城市群重大公共安全事件应急指挥的协同效果至关重要。

一、应急指挥的概念

对于定义应急指挥，可以从研究"指挥"的概念入手，进而对应急指挥的内涵、外延做出科学的界定。指挥，《辞源》释义也作"指麾"，"本指手的动作，引申为发令调遣"。《辞海》对"指挥"一词有四种解释，第一种指官名，明清沿元制于京城设五城兵马司，置指挥、副指挥，掌坊巷有关治安之事；第二种指五代以后军队的编制单位；第三种，在军事上，指指挥员及其指挥机关对所属部队作战行动的组织领导活动；第四种是音乐名词。综合上述权威解释，可以认为，指挥通常是指对军队的领导活动，其实质是发令调度。在军事理论研究中常称为军队指挥或作战指挥。[①]

随着重大公共安全事件的频繁发生和损失的扩大，政府部门需要组织、领导各类应急救援力量的应急行动，应急指挥在应急管理领域的应用越来越多。但对应急指挥的定义及内涵，目前学术界尚无统一明确的界定。国内学者宋劲松，从突发事件应急指挥的阶段性、应急指挥机构

[①] 《中国人民解放军军语》，军事科学出版社1997年版，第134页。

的设立、应急指挥关系的确定等方面对其概念做了较为完整的表述。①

根据《中华人民共和国突发事件应对法》对应急指挥的阐述，可知其主要是指突发事件发生后，在"应急处置与救援"阶段实施的指挥活动。本节根据对应急指挥本质属性的理解，将其内涵界定为：为应对重大公共安全事件，应急指挥员及其应急指挥机关为达成特定的应急救援处置任务（目标），对所属应急救援力量进行的计划、组织、决策及协调控制等活动。

我们可从以下几方面理解这一概念界定：第一，应急指挥的核心是"运筹决策与发令调度"，反映了应急指挥的实质；第二，应急指挥的主体是"指挥员及其指挥机关"，应急指挥的客体是"所属应急救援力量"，应急指挥是发生在两者之间的一种组织领导活动；第三，应急指挥的行为指向是"达成特定的应急救援目标"，应急指挥是指从确定应急指挥目标开始到达成目标的全部行为过程，是各类应急救援力量共同参与的联合应急救援行动。指挥权由最高统帅部授予，即最高统帅部授予谁指挥权，谁就负责指挥。第四，应急指挥的目的是统一行动、统一意志，最大限度地发挥各类应急救援力量的能力，完成应急指挥目标。

目前，国内外学术界尚未对应急指挥的类型进行明确划分，我们可参照军事理论中对指挥类型划分的方式，将其分为战略应急指挥、战役应急指挥和战术应急指挥三种类型。本节研究的城市群重大公共安全事件应急指挥应属于战役应急指挥。

综上所述，本节给出城市群重大公共安全事件应急指挥的概念界定，即城市群中各城市政府及相关部门为应对城市群重大公共安全事件，应急指挥者及其应急指挥机关为达成特定的应急救援处置任务（目标），对所属应急救援力量进行的运筹决策、计划组织、协调控制活动。

二、应急指挥的特征

应急指挥不同于一般领导管理活动，是应急指挥特有的性质。正确认识应急指挥的特征，有助于更深刻地把握应急指挥的本质，以及在此基础上展开的对其他相关问题的研究。应急指挥的特征主要包括六个

---

① 宋劲松：《突发事件应急指挥》，中国经济出版社2011年版，第14页。

方面。

(一) 高度的权威性

高度的权威性是应急指挥的基本特征。应急救援参与力量多样、行动多样、应急指挥层次高、指挥关系复杂，如果没有高度权威的联合应急指挥机构，责权区分不明，指挥关系不畅，就难以有效地指挥与控制联合应急救援行动。因此，建立健全高度权威的联合应急指挥机构，赋予应急指挥员统一指挥所属各救援力量的指挥权，是圆满完成应急救援任务的客观要求和先决条件。

(二) 极强的时效性

从联合应急指挥的角度看，急剧变化的灾区情况往往需要应急指挥员在短时间内及时处理海量信息，而且须面对应急决策节奏加快，决策周期越来越短，指挥速率越来越快的要求。鉴于此，应急指挥员及其指挥机关必须适应应急行动节奏快、变化大等特点，从而采取积极可行的措施，努力提高应急指挥的时效性。比如，应急救援界公认的"黄金72小时"即指地质灾害发生后的黄金救援期，这是救援界的共识。救援界认为，在此期间，若能及时采取有效措施进行营救，灾民的存活率极高。在世界各地历次大地震中，72小时内的国际化救援是最有效的救援方式。

(三) 高风险性

应急指挥是一种风险性很高的组织领导活动。灾区情况瞬息万变、错综复杂，只靠对一些表象的推断，有时是难以准确判明情况的。因而，应急指挥者也只能依据某些不确切、不及时、不完整，甚至是在信息相互矛盾的情况下，进行决策或采取相应的决策，这就不可避免会存在误差，要冒一定的风险。而且，应急指挥难以事先反复论证，也不可能每次都进行模拟检验，故风险性很高。

应急指挥的高风险性要求指挥者一方面要有风险意识和勇于负责的精神，不能怕担风险，对应急指挥中事关全局、须立即决断的重大问题要敢于定夺。另一方面要对风险保持高度警惕，要坚持科学地组织和实施应急指挥活动，减少盲目性、随意性，不断增强严密性和科学性，以防患于未然,保证应急救援任务的完成。

(四) 鲜明的技术性

鲜明的技术性是伴随科学技术的迅猛发展及其在应急指挥领域的广泛运用而展现出的显著特征。目前,随着信息技术的广泛应用,基于信息系统的联合应急指挥是未来应急指挥显著的技术特征。因此,信息化条件下的应急管理活动,特别是基于信息系统的联合应急指挥对信息和信息技术的依赖越来越大。联合应急指挥的首要任务就是实时掌握灾区情况与灾情发展态势,这就要求应急指挥者必须依托指挥信息系统、信息栅格、数据链等信息化指挥手段,才能实现对诸应急救援力量一体化联合应急救援行动的指挥。

(五) 非对称的对抗性

非对称的对抗性针对的是恐怖主义等非传统安全事件。战争中的军事指挥是具有激烈的对抗性的,是双方或多方武装力量之间的对抗,以消灭对方武装力量为目标。而国家在面对恐怖主义威胁时,其对手并不是其他国家武装力量,而是相对分散的恐怖主义组织,如本·拉登的"基地"组织,这就产生了对抗的非对称性。由于恐怖主义目标不明确,很难捕获,故对国家安全构成很大威胁。

(六) 其他特征

除了上述特征,对于城市群重大公共安全事件应急指挥来说,跨域性、多中心性、网络性是其三个重要特征。

1. 跨域性

当代中国,城市群中各城市政府之间的行政关系较为复杂,呈现出较为显著的跨域性特征。以长江三角洲城市群为例,该城市群跨一个直辖市、三个副省级市及十三个地级市,行政区域横跨上海、浙江、江苏三个省市,共计十七个城市。[1] 跨域性特征对城市群重大公共安全事件的应对提出了更为严峻的挑战,如何实现应急指挥协同便是其中的核心

---

[1] 任维德:《中国城市群地方政府府际关系研究》,载《内蒙古大学学报(哲学社会科学版)》2009年第4期,第30—35页。

问题。由于鲜明的跨域性特征,其应对过程需要包括各城市政府及其相关应急管理职能部门等在内的众多主体参与应急指挥的各个阶段①,因此,跨域应急指挥组织及协同水平已成为衡量政府应急管理能力的重要因素之一。

2. 多中心性

城市群一般都是以一个或几个中心城市为核心的,如长三角城市群的核心为上海市,珠三角城市群的核心为广州市等。这些核心城市在该区域的经济活动中通常占据核心和绝对支配地位,在应对城市群重大公共安全事件时,具有相对完善的应急资源储备和较强的危机应对能力。因此,它们在城市群应急指挥组织的架构体系中通常也处于核心地位。

3. 网络性

城市群中各个城市之间通常呈现出树状层级关系,这样,在城市群内就会形成较为复杂的网络化空间结构。② 在应对城市群重大公共安全事件时,所建立的应急指挥组织结构也在呈现出网络化的特征。因此,在研究基于网络的分布式应急指挥协同问题时,通过构建城市群重大公共安全事件应急指挥关系优化模型,有助于实现城市群各结点城市应急指挥中心之间的有效协作。

第三节 城市群重大公共安全事件应急指挥要素分析

重大公共安全事件应急指挥的要素及其构成,是研究应急指挥规律的重要内容。其研究目的,就是从理论和实践的结合上深刻揭示应急指挥的本质,使应急指挥员及其指挥机关在应急指挥实践中更加自觉地遵循规律、更加灵活地运用原则、更加能动地达成应急指挥目标。因此,深入研究应急指挥的构成要素,分析各要素的本质、特征及其地位作

---

① 郭雪松、朱正威:《跨域危机整体性治理中的组织协调问题研究——基于组织间网络视角》,载《公共管理学报》2011年第4期,第50-60页。
② 蒋宗彩:《城市群公共危机应急管理决策理论与应对机制研究》,博士学位论文,上海大学,2014。

用,是认识应急指挥的本质、把握应急指挥特点与规律的科学方法。

一、城市群重大公共安全事件应急指挥要素的本质与属性

应急指挥要素,是指构成应急指挥的必要因素,是构成应急指挥的基本成分,是应急指挥活动赖以运行的客观基础。同其他任何社会实践一样,应急指挥这种特殊的社会实践活动,也是由若干要素构成的。有什么样的应急指挥要素以及这些要素之间形成什么样的相互联系、相互作用的结构,将决定应急指挥的性质和效能。应急指挥要素的属性包括:客观存在性、不可或缺性、相对独立性和相互关联性。

(一) 客观存在性

应急指挥要素是不以人的意志而转移的客观事物。应急指挥活动是人的主观行为,但构成应急指挥的要素却是客观的,不管人们是否认识到、承认与否,它们都客观存在于指挥活动的过程中,并发挥着不同的重要作用。

(二) 不可或缺性

应急指挥要素是构成应急指挥的必不可少的成分。影响和构成应急指挥的因素有很多,但只对应急指挥活动起直接的决定性影响的基本因素,且存在于每次指挥活动之中并发挥重要作用的因素,才被称为指挥要素,缺少其中的任何一个要素,应急指挥将无法进行。

(三) 相对独立性

应急指挥各个要素是相对独立存在的。应急指挥是由多个要素构成的,每一个要素都是相互区别的,具备自身固有的独特性质和作用,具有其独立存在的价值和意义,各个要素存在于一个统一体中,并相互联系和发生作用,使应急指挥得以实现。并且,每一个要素的性能如何,都影响和决定着应急指挥的运作方式和效能的高低。

(四) 相互关联性

应急指挥的各个要素是相互联系在一起的。系统论认为，任何一个系统中的要素都是相互联系、相互作用的，从而构成一个有机整体，否则，个体不能称之为要素，整体不能称之为系统。只有应急指挥各要素互联互动，才能形成指挥活动。在研究应急指挥要素时，不能孤立地看待每个要素，而应当从应急指挥的整体出发，研究各要素在应急指挥活动中的地位、作用及其相互之间的关系。

二、城市群重大公共安全事件应急指挥要素的构成

重大公共安全事件应急指挥要素主要包括指挥者、被指挥者（指挥对象）、指挥手段（工具）和指挥信息四大基本要素。应急指挥的四大基本要素存在于应急指挥活动中，是应急指挥存在和发挥效能的客观基础。

首先，四要素是构成应急指挥的必要成分，缺一不可。没有指挥者，就没有了指挥的主体，被指挥者就成为一盘散沙、乌合之众，应急指挥的职能作用就无从谈起，当然就没有指挥可言；反之，光有指挥者而无被指挥者，应急指挥就没有了作用对象，同样也无法存在。指挥手段是连接指挥者与被指挥者的桥梁，是指挥信息的载体，其直接影响应急指挥效能的发挥；而指挥信息则是指挥者与指挥对象以及整个指挥系统的内在的联系纽带，若缺失指挥信息则指挥系统无法运作。在信息化条件下的指挥信息同指挥手段一样，对应急指挥的决策和应急管理活动的控制与协调等都具有越来越突出的作用。其次，四要素相互区别，各自具有独特的范畴和性质，不相互交叉重叠。再次，四要素又是相互联系、相互作用的一个整体。应急指挥过程，实质上就是指挥者、被指挥者、指挥手段和指挥信息这四大要素相互联系与相互作用的过程。这些要素决定着应急指挥这一事物的存在、发生与发展，决定着应急指挥的性质、功能与成效。

三、城市群重大公共安全事件应急指挥各要素的分析

应急指挥是人们有组织、有目的地进行一种特殊的社会活动，实质上是构成应急指挥系统的诸要素之间，相互联系和相互作用的一个整体过程及其综合结果。故对应急指挥各要素的全面分析，必须从两个基本方面着手，一是对每个独立要素本身的状况进行考察，分析每一个要素的性质、特点等；二是从整体关联的角度，分析各要素在一定结构中的不同地位与特殊作用，及其对指挥功能与效能可能影响。只有经过两个方面的透彻分析，才能弄清、弄准应急指挥的每一个要素，对各要素有一个全面的认识。同时，也为进一步考察和认识应急指挥活动，揭示应急指挥要素的内在必然联系与基本规律奠定基础。

（一）应急指挥者

应急指挥者是应急指挥的主体，其主要职能是运筹谋划、发令调度和控制协调。对于城市群来说，应急指挥者通常是各城市应急指挥中心的负责人。

一般地，应急指挥者主要包括指挥员及其指挥机关。其中，应急指挥员是核心，拥有应急指挥权，是应急指挥活动的决策者和最终责任人。应急指挥员的指挥艺术、气魄胆识、个性品格等对应急指挥的效能有直接的决定性影响。指挥机关则是指挥员的得力助手，主要是协助指挥员组织和实施应急指挥。在突发事件的处置过程中，应急指挥员的任务越来越繁重，对情报信息的处理、对各参与救援组织的应急行动的控制协调、对指挥时效性的更高要求等，使指挥机关成为指挥员名副其实的左膀右臂。指挥机关的整体素质如何，对协助指挥员决策，传达指挥员命令，监督、控制、协调应急行动与评估其效能具有重要影响。应急指挥员及其应急指挥机关是一个整体，共同发挥指挥者的作用。

特别地，目前在信息化条件下的应急指挥正面临非常复杂的挑战，应急指挥者更加需要应急指挥机关来辅助实施应急指挥行动。信息化条件下的应急指挥活动是由指挥员在指挥机关的辅助下共同组织指挥的，指挥机关信息获取能力、分析判断能力、出谋划策能力、组织协调能力

的强弱，对应急指挥活动及其效能产生重要影响。

从指挥者与其他要素的整体联系看，应急指挥者的指挥对象和最终作用客体是被指挥者。指挥者与被指挥者的这种主导与服从、命令与执行的关系，直接反映应急指挥目标与为达成这个目标的行动及其效果之间的关系，这种关系是一种目的性关系而非手段性关系，关乎应急指挥的功能与目的，因此，是一种本质性联系。

（二）应急指挥对象

应急指挥对象是应急指挥的客体，也可称为被指挥者，其主要职能是以执行者的身份，按上级的意图、命令和指示去完成应急救援任务。应急指挥对象通常指接受指挥者指挥的所属应急机构、组织或部门。应急指挥对象隶属于指挥者，它既可以是群体，也可以是个体；既可以是直接隶属者，也可以是间接隶属者；既可以是人员编制内的，也可以是临时配属的。只要作为被指挥者隶属于指挥者，就与指挥者构成了被指挥的关系。在城市群应急指挥组织中，应急指挥对象主要是参与应急救援的各政府部门。

应急指挥对象对指挥者的意图、命令、指示的理解是否正确、贯彻是否坚决、执行是否得力，对应急指挥活动及其效能同样具有决定性的作用。因此，在看到指挥者的主导性、主动性和被指挥者的服从性、被动性方面的同时，还必须正确认识被指挥者与指挥者之间的辩证关系，把握指挥对象对指挥者的反作用。应急指挥者与应急指挥对象共同存在于应急指挥这一事物中，两者缺一不可。被指挥者作为主观能动者，居于应急救援第一线，置身于具体的应急环境中，对情况复杂的应急指挥现场形势掌握比较全面，向指挥者提出的对策建议具有较强的针对性，一旦被指挥者接受，也就变为指挥者的决策。被指挥者如果能够正确领会指挥者的意图，充分发挥主观能动性，创造性地贯彻执行指挥者的命令、指示，就会加速实现指挥者的意图，甚至弥补指挥的不足。

应急指挥对象是指挥手段的作用对象，也通过指挥手段与指挥者沟通。因此，应急指挥对象要想与指挥者进行有效的沟通，就必须掌握指挥手段的性能，熟悉指挥手段的运用。只有这样，被指挥者才能适时、准确了解指挥者的意图。

（三）应急指挥手段

应急指挥手段是指应急指挥活动中所运用的指挥工具及其使用方法。其基本作用就是连接指挥主体与指挥客体，它是贯穿整个应急指挥活动的必不可少的载体和应急指挥方式方法的基本制约因素。信息化时代，指挥手段不仅仅是人的感官功能的延伸和强化，而且是人的大脑的延伸和强化。智能化的应急指挥信息系统具备优选应急决策方案、辅助领导决策和评估指挥效果等功能，从而为实现应急指挥的智能化、科学化创造条件。

（四）应急指挥信息

应急指挥信息是指实施应急指挥活动所需要的情报、指令、报告和资料等情况资源的统称。指挥信息是应急指挥系统要素中最活跃的因素，直接反映应急指挥需要的各种实际情况，其基本作用是为应急指挥提供基本依据，使主观意识符合客观实际。信息化条件下的指挥信息对指挥决策及相关指挥活动具有越来越重要的作用，因此，要充分开发指挥信息资源并且实现适时利用。

从应急指挥信息要素角度来看，指挥信息要素作用的发挥与指挥手段、指挥者和被指挥者等要素密切相关。首先，指挥信息为指挥者和被指挥者服务，作用重大，但是能否充分发挥应急指挥信息的作用，还取决于指挥者和被指挥者在指挥信息的收集、处理、传递、利用及存储等方面对指挥信息价值的挖掘和运用。其次，指挥信息与指挥手段之间形成了信息与信道、内容与载体之间的密切联系，两者互相结合构成了指挥者与被指挥者之间的神经网络和信息网络，使指挥者这个"大脑"与被指挥者这个"躯体"连接成为一个强大的"指挥巨人"，能够针对不同的形势和情况变化，灵敏、有力、"身心一体"地行动。

四、城市群重大公共安全事件应急指挥要素对应急指挥的影响

重大公共安全事件应急指挥要素对应急指挥的影响主要表现在两个方面：一是各个要素分别对应急指挥产生的影响。应急指挥活动中的各

个要素在不同情况下的地位作用是不同的,因而对不同条件下的应急指挥的影响也不相同。二是多个要素或者全部要素的整体作用对应急指挥产生的影响。任何事物都不是各个要素的简单叠加,而是相互联系、相互依赖、相互制约的有机整体,最终将表现为对整个事物的综合性影响。这里着重从不同侧面分析研究重大公共安全事件应急指挥各个要素对应急指挥活动的综合性影响。

(一)影响应急运筹决策

应急运筹决策是应急指挥的核心内容。应急指挥各个要素的水平状况和效能发挥,都将对应急运筹决策的质量产生重大影响。比如,应急指挥主体指挥经验丰富、指挥艺术高超,指挥客体报告建议得当,指挥信息获取及时、准确、够用,指挥手段先进、运用娴熟,就能够适时做出符合灾区客观实际的运筹决策;反之,就不可能做出正确的运筹决策,或者运筹决策用时过长、时间滞后。

(二)影响应急计划组织

应急计划组织是应急指挥活动的重要内容。应急指挥各个要素对应急计划组织的方式方法和效果将产生重要影响。比如,应急指挥主体对应急计划组织的水平高、方法活,应急指挥客体领会应急指挥主体意图正确、深刻、迅速,指挥信息流畅、共享,指挥手段先进、作用得以充分发挥,应急计划组织就会紧紧围绕指挥者的决心和意图,周密细致、有条不紊地进行;反之,就可能造成秩序混乱、效率低下,不能充分体现应急指挥者的决心、意图,甚至偏离应急指挥者的决心、意图。

(三)影响应急控制协调

应急控制协调是指挥主体的重要职责,也是应急指挥活动的重要内容。应急指挥主体运用指挥手段将指挥信息作用于指挥客体,应急指挥客体按照指挥主体发出的指挥信息实施行动,这就是指挥控制协调应急行动的过程。在这一过程中,应急指挥要素中的任何一个要素自身水平状况不佳或者效能发挥不好,应急行动都不可能得以顺利实施,应急决策也就难以实现。

（四）影响应急指挥主体、客体间的相互沟通

应急指挥主体和客体之间的沟通与联系，既是应急指挥的重要内容，也是实现应急指挥目的的基本途径。应急指挥主体的决心、意图只有被应急指挥客体正确理解和贯彻执行，才能变为现实；应急指挥主体随时掌握应急指挥客体的情况，这样，应急指挥主体才能做出正确的决策。所有这些，都要靠应急指挥主体和指挥客体之间的沟通联系来实现。如果指挥手段不先进，特别是通信联络受到干扰、破坏，应急指挥主体与指挥客体之间联系不畅，指挥信息不能及时交流，应急指挥就无法进行。反之，如果沟通顺畅、联系紧密，应急指挥主体能够及时掌握应急指挥客体的情况，指挥控制其行动；应急指挥客体也能及时了解应急指挥主体的决心、意图，使应急行动有基本依据和遵循。

此外，应急指挥要素对应急指挥的影响还涉及对指挥信息的获取、处理，对指挥手段的运用，对应急决策的贯彻执行，等等。

五、城市群重大公共安全事件应急指挥各要素之间的关系

应急指挥各要素之间，即指挥者、指挥对象、指挥手段和指挥信息之间，在应急指挥的运行过程中产生一定的关系，在这些关系中有指挥控制与被指挥控制的关系，有制约（影响）与被制约（影响）的关系。这些要素既从总体上规定着作用于应急指挥一切活动的应急指挥基本规律，又规定作用于应急指挥各个方面的具体规律。通过运用要素—联系分析法，可分析应急指挥过程中各个要素之间的关系和相互作用，探寻应急指挥规律。

本章小结

本章首先对城市群重大公共安全事件的概念进行了全面阐述，描述了城市群重大公共安全事件的概念及其内涵，并与城市重大公共安全事件进行比较分析，指出其主要特征包括：发生的难以预测性、演化机理

的高度复杂性、信息的高度不对称性和外部环境的约束性。

其次，对城市群重大公共安全事件应急指挥的概念进行了界定，指出其特征包括：高度的权威性、极强的实效性、高风险性、鲜明的技术性和非对称的对抗性。

在此基础上，分析了构成城市群重大公共安全事件的应急指挥要素，包括应急指挥者、应急指挥对象、应急指挥手段和应急指挥信息。指出城市群重大公共安全事件应急指挥要素对应急指挥的影响主要有：影响运筹决策、影响应急计划组织、影响应急控制协调、影响应急指挥主体客体间的相互沟通。

最后，对城市群重大公共安全事件应急指挥各个构成要素之间的关系进行了分析。

第三章 城市群重大公共安全事件应急指挥组织框架

重大公共安全事件发生后,各城市政府及其相关职能部门须及时设立应急总指挥部、现场应急指挥部或应急指挥中心等应急指挥机关,其中涉及应急指挥部成员的选择、应急组织结构的安排等,从而影响应急指挥方式、应急指挥关系、责权分配等问题。这就需要从理论上分析城市群重大公共安全事件应急指挥的组织框架,主要包括应急指挥系统、应急指挥体系及其实现路径。

第一节 城市群重大公共安全事件应急指挥系统的构成

城市群重大公共安全事件应急指挥系统,是指按照一定的组织形式,由城市群各政府应急管理部门组建的具有实施应急指挥功能的有机整体,包括应急指挥人员、应急指挥机构和应急指挥手段。

一、应急指挥人员

应急指挥人员是应急指挥机构中负责应急指挥的领导和参谋人员的总称,是应急指挥诸要素中最活跃的。在城市群重大公共安全事件应急指挥活动中,各类应急指挥人员以不同的身份和角色发挥着不同的作用。从我国目前的应急管理实践来看,主要按应急指挥的分工来进行划分,分为总指挥和副总指挥。如2008年"5·12"汶川地震发生后,国务院决定紧急启动Ⅰ级救灾应急响应,成立抗震救灾总指挥部,总指挥由时任国务院总理温家宝同志担任,副总指挥由李克强、回良玉同志担任,统一指挥、全面领导抗震救灾工作。

此外，在军队指挥中一般还设置参谋长和参谋的职务，是协助指挥员指挥作战的主要组织者和协调者，对作战指挥的成效具有举足轻重的作用。

二、应急指挥机构

应急指挥机构是指应急指挥的组织形式，是以应急指挥者及其指挥机关为主而构建的，通常也可称为应急指挥所。其目的是适应重大公共安全事件应急指挥的需要，主要涉及应急指挥机构的开设、转移、防护、管理、接替与恢复、组织结构等。在应急指挥环境复杂多变的情形下，随着应急指挥对象种类的增多、应急指挥目标和应急救援任务的加重，应急指挥机构在重大公共安全事件应对过程中发挥越来越重要的作用，已成为决定应急指挥成效、应急指挥效能能否充分发挥的重要因素。因此，建立科学、合理、高效的重大公共安全事件应急指挥机构，是迅速取得应急指挥主动和优势、提升应急指挥效能、最大限度地发挥应急救援能力，从而完成应急救援目标的重要一环。

应急指挥机构有多种分类方法。既可以按级别、性质、空间位置等来划分，也可以按配置形态来划分，还可以按任务和作用来划分。不同类型的应急指挥机构，其指挥的对象、范围、责权大小是不一样的，内部组织结构也不完全相同。如按应急指挥的层次或级别分，可将应急指挥机构分为战略级、战役级和战术级三个层次。若按照应急指挥机构的配置形态划分，可分为固定应急指挥机构（所）和移动应急指挥机构（所）。若根据应急指挥的任务和作用来划分，可分为基本指挥所、前进指挥所、后方指挥所和预备指挥所。其中，基本指挥所是全面实施应急指挥的中心机构，是统一指挥应急救援行动的主要指挥机构。根据重大公共安全事件的实际情况，它既可以开设在相对固定的地点和位置，也可以开设在移动平台上。根据应急指挥的需要，基本指挥所可组建机动指挥组、联络组、观察组；前进指挥所是辅助指挥机构，其目的是加强主要方向上的应急指挥救援行动，作为基本指挥所的派出应急指挥机构而存在；后方指挥所是负责应急救援物资保障的应急指挥机构，是统一应急指挥的装备保障、信息保障、交通保障和后勤保障；预备指挥所与基本指挥所是同时建立的，它是随时准备接替基本指挥所以实施应急指挥的保障机构。总之,上述几种类型的指挥所共同构成每一层级的应急指挥组织系统。

我们说,结构决定功能。当一个系统应具有的功能明确之后,系统结构的优化与否,将会决定系统功能的强弱。因此,要想使应急指挥机构的结构达到最大优化,必须以满足应急指挥需要为前提,以提高应急指挥效能为基本着眼点,以结构优化、关系顺畅、运行机制良好为基本标准,按精干、灵敏、高效、快捷、一体化的要求构建重大公共安全事件应急指挥机构。

三、应急指挥手段

应急指挥手段是应急指挥者实施应急指挥的工具,是构成应急指挥系统的基本要素之一。它是实施应急指挥所采用的工具和方法的统称,包括指挥作业工具、信息传递与处理工具、各种通信方法,以及应急指挥信息系统。这一定义有两个方面的含义:其一,指明了应急指挥手段的实体,即用于应急指挥的各种器材、设备等构成应急指挥手段的物质基础;其二,指出应急指挥手段还包含指挥工具运作的方式、方法。任何应急指挥器材、设备都是由人操作使用的,操作与使用的规程是否科学、技术是否高超、方法是否得当,决定了作战指挥手段的运用水平,进而决定了应急指挥效能。因此,应急指挥手段的先进程度与应急指挥效能有密切的关系。科学而正确的操作与运作技巧、方法,是应急指挥工具应用效能获得最大限度发挥的保证。

随着信息技术的快速发展,作为现代应急指挥的重要手段,应急指挥自动化系统的应用越来越广泛和深入。它是集应急指挥控制、情报搜集、预警探测、通信及其他应急信息保障等功能于一体,能够高效、准确、可靠、安全地完成采集、传递、处理应急信息的应急指挥信息系统,是现代应急指挥的主要手段。它不仅反映了一个国家应急指挥的科技水平,还反映了一个国家的一体化应急指挥能力。

第二节　城市群重大公共安全事件应急指挥体系

城市群重大公共安全事件应急指挥体系,是由应急管理部门编成内各级、各类应急指挥机构按照指挥关系构成的有机整体,是相对稳定地履行应急指挥职能的组织形式,主要表现为应急指挥体系的指挥层次和指挥跨度,其中,应急指挥层次是应急指挥体系中纵向设置的指挥机构的等级和次序,应急指挥跨度是应急指挥员及其指挥机关所直接指挥的部门数量,通常根据任务、指挥能力、指挥保障能力等情况而定。建立应急指挥体系的目的是实行集中、统一指挥应急力量提供组织保证。

应急指挥体系是应急管理体系的重要组成部分,是应急指挥员及其指挥机关实施指挥的重要基础。应急指挥体系必须满足应急指挥员对所属各救援部门的统一指挥,适应多种应急救援行动的指挥需求,有利于提高应急指挥的速度和质量。信息化条件下的应急管理对应急指挥的要求更高,建立健全科学严密、系统完整的应急指挥体系是应急指挥的首要前提,这对统一应急行动、提高应急指挥效能,最终达成应急指挥目标具有重要意义。

一、城市群重大公共安全事件应急指挥体系的主要特点

深入分析应急指挥体系的特点,成为我们正确认识这一事物的重要基础。综观应急管理实践,其指挥体系通常具有以下基本特点。

(一) 整体性

应急指挥体系的整体性,是由应急指挥的基本任务决定的。应急指挥员及其指挥机关为实现科学运筹谋划、精心计划组织、严密控制协调应急,能动地将应急救援导向胜利,就必须通过严密完整的应急指挥体系。这一体系从纵向上形成了上贯战略指挥体系、下连战术指挥体系的有机整体,起承上启下的重要作用;从横向上形成了应急指挥机构体系、指挥场所体系、指挥信息系统、指挥保障系统等紧密联系、有机结

合的整体。应急指挥体系的整体性反映了应急指挥的基本规律,体现了应急指挥的客观要求,确保了应急指挥系统的高效运作。

(二)权威性

应急指挥体系的权威性,是由应急指挥机构的性质和作用决定的,主要体现在以下两个方面:一是整个应急指挥体系的本质属性具有权威性。在应急指挥体系中,指挥机构的编成与编组、职责与权限、运作方式与相互关系等,本身具有高度的权威性。这一本质特征能够从多方面确保应急指挥的顺利实施,并能够获取最大的指挥效能。二是应急指挥体系的形成过程具有权威性。依据国家应急管理的政策和法律,构建一体化的应急指挥体系,是战略指挥的重要任务之一。从应急指挥体系的筹划、组建到制度、关系的确立等事项,都是由统帅部按照应急管理法规赋予的职权确定的,其他机构和人员只能严格遵照执行,不得自行其是。毫无疑问,这一体系的形成过程具有高度的权威性。应急指挥体系的权威性确保了应急指挥员及其指挥机关的统一指挥。

(三)稳定性

应急指挥体系的稳定性,是指在某一时期或者某一阶段,某些制度保持其稳定性,而并非一成不变的绝对稳定。这一本质特征主要体现在以下两个方面:一是某一时期或者某一阶段的稳定性。应急指挥体系一旦建立健全,在一定时期或者一定阶段内必须保持其稳定性,不能朝令夕改。当然,根据应急救援任务和应急指挥机构编成等因素的变化,适当地进行局部或部分调整是必要的。二是某些制度的稳定性。根据应急指挥的需要,建立健全一体化的应急指挥机构,有利于实施高度集中统一的应急指挥。保持应急指挥体系的相对稳定性完全符合应急指挥的基本规律,既反映了应急指挥的客观需要,又有利于实施应急指挥体系的一体化建设。

综上所述,组织实施重大公共安全事件应急指挥,通常应当根据事件的具体类型和规模,按照便于统一指挥、高效稳定、层次简明和利于协同的原则建立应急指挥体系。具体来说,应符合功能齐全、结构合理、关系顺畅、精简灵便、灵敏可调等基本要求。

二、城市群重大公共安全事件应急指挥体系的组成

城市群重大公共安全事件应急指挥体系的组成,是指应急指挥体系的各个组成要素按照突发事件规模的大小,分为大、中、小型。按纵向层级区分,通常情况下,大型应急指挥体系由四级应急指挥机构组成,即中央—省—市—县;中型应急指挥体系由两级应急指挥机构组成,即省—市;小型应急指挥体系只建立一级应急指挥机构,直接指挥相关职能机构。各类应急指挥体系共同构成应急指挥整体。按横向结构区分,重大公共安全事件应急指挥体系通常由重大公共安全事件应急指挥机构体系、重大公共安全事件应急指挥场所体系、重大公共安全事件应急指挥信息系统、重大公共安全事件应急指挥保障系统等相互联系而构成有机整体,如图3-1所示。

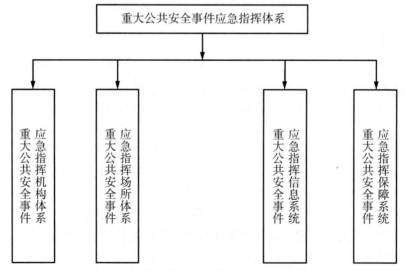

图3-1 重大公共安全事件指挥体系横向结构

重大公共安全事件应急指挥机构体系,是一个具有各种联合指挥功能,能够满足联合指挥需要的指挥实体。从应急指挥机构编成来看,应急指挥机构体系主要包括:基本指挥机构、前进(方向)指挥机构、

后方指挥机构、预备指挥机构及专项（辅助）指挥机构等。

重大公共安全事件应急指挥场所体系，是确保应急指挥员及其指挥机关实施稳定而不间断指挥的重要基础，主要包括地下固定指挥场所、地面机动指挥场所、空中机动指挥场所和海上机动指挥场所等。

重大公共安全事件应急指挥信息系统，是以计算机网络为核心，具有指挥控制、预警、通信、信息传输、安全保密和其他信息保障功能的信息系统。它是有效实施应急指挥的重要物质基础和基本手段，是应急指挥体系的重要组成部分。

重大公共安全事件应急指挥保障系统，是为保障应急指挥员及其指挥机关顺利遂行应急指挥任务而建立健全的保障体系。

我们说，应急指挥体系的构建及其有效性、完整性，对于重大公共安全事件的应对是非常重要的。我国的应急指挥体系是十分庞大和复杂的，在我国目前政府及各职能部门行政管理组织体系结构下，它不仅要在纵向上建立起垂直的专业应急沟通网络，实现上、下级和职能部门之间的信息沟通和共享，横向上要在国家、省、地市（县）等层面疏通各职能部门，并起到上传下达的作用，而且两者之间还会存在复杂的交叉关系。

我国的应急指挥体系如图3-2所示，包括国家应急指挥系统、省级应急指挥系统、地市（县）级应急指挥系统三个层次。其中，国务院为国家应急指挥系统的最高领导机构，其下属职能部门包括公安部、水利部、国家地震局、国家气象局、民政部、卫计委和交通运输部等。各省应急指挥系统由省应急指挥中心及各省所属公安厅、水利厅、地震局、气象局组成。各省应急指挥中心由国务院应急指挥中心直接领导。各市应急指挥系统的组成与省级应急指挥系统结构基本相同，市应急指挥中心负责对全市的突发事件进行指挥与处置，市属的公安局、水利局、地震局、气象局等部门在处理突发事件时受市应急指挥中心的指挥并对市应急指挥中心负责。

此外，国务院应急平台在国内与军队、武警应急指挥平台相连接，在国际上与国际应急指挥机构相连接，保证了军队应急救援力量和国际救援力量的及时介入。国家应急指挥体系的建立接通了各职能部门，从技术上整合了孤立资源，达到了"及时了解、快速反应、准确决策、统一调度、妥善处置、全程监控"的目的。

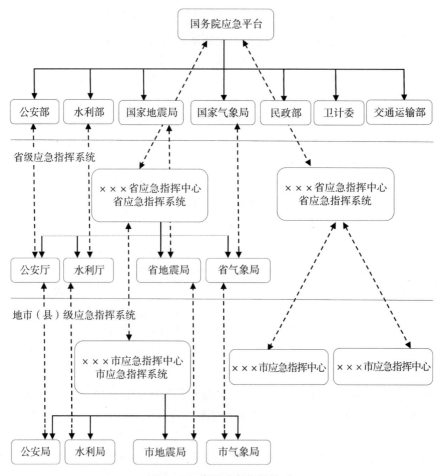

图3-2 我国应急指挥体系

三、城市群重大公共安全事件应急指挥关系

城市群重大公共安全事件应急指挥关系，是指应急指挥员及其指挥机关与所属救援力量之间构成的相互关系。应急指挥关系是否合理、顺畅，对保持应急指挥的高度统一、充分发挥指挥效能具有重要影响。

应急指挥关系通常依据编制序列确定，还可由上级根据其突发事件类型和规模编成确定。如图3-3所示，应急指挥关系主要包括指挥与被指挥的关系、指导与被指导的关系、控制与被控制的关系、协调与被协调的关系等。明确指挥关系是保证指挥顺畅而必不可少的前提条件。当需要改变指挥关系时，通常由上级以命令的形式明确新的指挥关系。作战或者执行其他任务时，根据任务需要，还可以由上级以命令的形式实施指挥关系转换。指挥关系明确后，应急指挥员及其指挥机关应当对应急行动实施全面的组织指挥，并对其行动结果负全责；指挥对象应坚决执行应急指挥员及其指挥机关下达的命令和指示，并向应急指挥员及其指挥机关及时反馈信息。

需要强调的是：应急指挥关系、应急行动关系、应急协同关系三者之间具有较大区别，不能相互混淆。如图3-4所示，应急行动关系主要包括支援与被支援的关系、配合与被配合的关系、保障与被保障的关系等。如3-5所示，应急协同关系主要包括协同的主次关系、空间的彼此关系、时间的先后关系等。

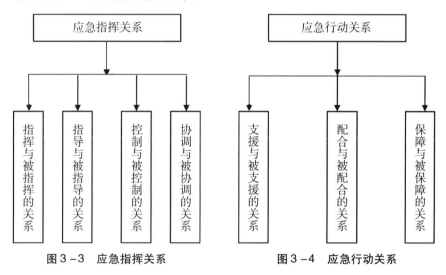

图3-3 应急指挥关系　　　　图3-4 应急行动关系

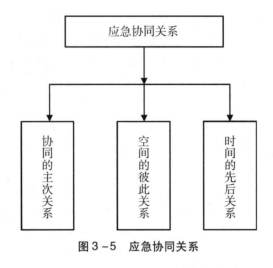

图3-5　应急协同关系

第三节　城市群重大公共安全事件应急指挥的实现路径

一、城市群重大公共安全事件应急指挥基本活动

应急指挥活动，是指挥员及其指挥机关为达成一定应急救援目的，对所属救援力量应急行动的组织领导活动。应急指挥活动，又是指挥员及其指挥机关履行应急指挥职责，行使应急指挥职权的过程，它制约和支配着应急救援行动。应急指挥活动的成效，对应急救援的进程与结局具有决定性的影响。

应急指挥活动是复杂的思维与行为过程，包含多方面的内容，主要有掌握信息、运筹决策、计划组织、控制协调等。作战指挥活动理论，就是通过研究指挥员及其指挥机关在掌握信息、运筹决策、计划组织、控制协调等方面的活动内容、特点、程序、方法与要求，掌握应急指挥活动的基本规律与方法，以此指导应急指挥活动，提高指挥活动效能，如图3-6所示。

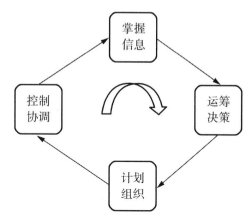

图3-6 应急指挥活动的主要环节

（一）掌握信息

掌握信息是指应急指挥员及其指挥机关搜集、分析处理与传达、利用突发事件汇总信息的过程，是应急指挥活动的首要环节，并贯穿于应急指挥活动的全过程，是指挥员及其指挥机关实施应急指挥的客观依据，对减少不确定性因素，提高指挥活动效率具有重要作用。信息化条件下，现代应急指挥向一体化方向发展，呈现出联合行动、节奏与进程加快、指挥环境更加复杂多变的特征，应急指挥掌握情况所需的信息量激增，情况分析更加复杂，对应急指挥信息搜集、处理与传递的速率要求更高，如图3-7所示。

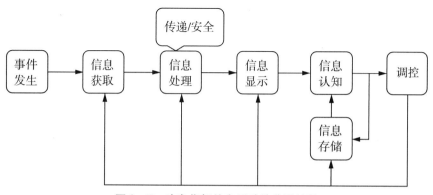

图3-7 应急指挥信息活动的典型过程

(二) 运筹决策

运筹决策是指挥员及其指挥机关为实现特定应急指挥目标,提出、选择和决断最佳行动策略的指挥活动,是应急指挥活动的核心内容。应急决策的基本内容是定下决心,指挥员拥有定下决心的权力和职责,但就定下决心的完整活动流程而言,指挥机关要始终辅助指挥员完成定下决心的活动并满足其需要。

应急决策总体上是提出决策问题、明确决策目标、制定决策标准、拟制决策方案和做出应急决策五个环节的串联运行流程,并且通过决策实施情况的反馈构成循环,直至所提出的决策问题得到圆满解决。其中,决策目标和决策标准对于指挥者最终做出决策具有重要意义。能否实现决策目标及最大限度地满足决策标准,既是拟制决策方案的基本要求,也是优化和抉择决策方案的根本依据,如图3-8所示。

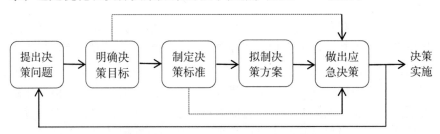

图3-8 应急决策活动的运行流程

(三) 计划组织

计划组织是对应急救援力量运用的统筹安排,是应急指挥机构指挥应急行动的基本依据,是指挥者为贯彻落实应急决策,对应急行动预先进行具体安排的指挥活动。计划和组织是两项不同的工作,二者既有区别又有联系,计划是核心,组织工作依据计划而展开;计划的归宿点是付诸实施,实施就需要组织,从这个意义上说,计划又必须着眼于组织。计划和组织的根本目的是一致的,都是通过采取各种办法、步骤和措施,将各救援力量有效地组织起来,有序地投入行动,保证指挥员应急决策的实施,如图3-9所示。因此,计划组织是实现应急指挥决策的重要保证。

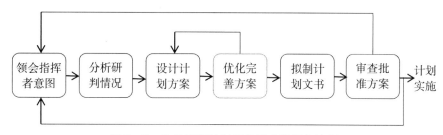

图3-9 应急指挥计划组织活动的运行流程

（四）控制协调

控制协调是指应急指挥者为了达成预定应急指挥目标，在定下决心和计划组织的基础上，通过下达指令、追踪反馈、态势分析、纠偏调控等一系列活动，达到对应急救援有关的行为、行动或状态的掌握与驾驭，对各种救援力量的相互关系和相关物资在时间和空间上的协调，及时纠正因主观、客观因素造成的行动偏差或失控现象，使其适应灾区环境变化，最终完成指挥任务的目的，如图3-10所示。控制协调是实现应急指挥目标的基本手段，是其他应急指挥活动有效运行的重要保证。

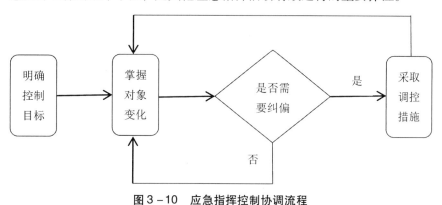

图3-10 应急指挥控制协调流程

二、城市群重大公共安全事件应急指挥方式

应急指挥方式是指挥者实施应急指挥方法与形式的总称。任何应急指挥总是以一定的方式进行的，这种方式反映了指挥者对被指挥者支配

的方法与技巧。应急指挥方式是否得当,不仅直接影响指挥者的指挥质量与效率,还影响被指挥者的主动性和积极性,进而影响全局。因此,正确选定和运用应急指挥方式,是应急指挥理论必须认真研究和解决的重要内容。应急指挥的主要方式包括集中式应急指挥与分散式应急指挥、按级式应急指挥与越级式应急指挥、定点式应急指挥与机动式应急指挥和联合式应急指挥与独立式应急指挥等,如表3-1所示。

表3-1　应急指挥方式的分类及划分标准

应急指挥方式	划分标准
集中式、分散式	指挥员对指挥权的运用方式
按级式、越级式	指挥层次的跨越程度
定点式、机动式	指挥地点或场所的运动状态
联合式、独立式	上下级指挥活动展开的次序

如前所述,应急指挥者面临的外部环境是复杂多变的,相应地,应急指挥方式的选择也要因势、因情、因时、因地而异,在明确应急指挥目标和基本原则的基础上,要做到灵活运用、统分结合,主要遵循的原则如下:

第一,集中式应急指挥与分散式应急指挥相结合。集中式应急指挥是指应急指挥者对所属应急救援力量实施集中调配、统一部署的指挥方式。分散式应急指挥是上级应急指挥员只明确应急救援目标和任务、下达原则性的指示,由下级应急指挥机构自主指挥应急救援行动。集中式应急指挥主要在重大任务、关键时点、核心区域上实施,由最高应急指挥机构统一分配应急救援任务,统一调动应急救援力量,统一协调应急救援行动;分散式应急指挥主要针对应急救援任务点高度分散、指令难以及时到达时实施,此时可派出前进指挥机构实施分散式应急指挥。重大公共安全事件应急指挥行动不仅具有整体性,需要统一实施应急指挥,有时也可根据实际情况实施分散式应急指挥。这就要求最高应急指挥部在实际应急救援指挥行动中,把握好集中与分散的时机和尺度,机动灵活地运用这两种应急指挥方式。

第二,按级式应急指挥与越级式应急指挥相结合。按级式应急指挥是指依照组织中的权属关系自上而下逐级实施的应急指挥。越级式应急指挥是对某应急指挥机构实施超越一级或数级的应急指挥。在完成一般的应急救援任务时，实施按级式应急指挥能够保证指挥的正规性和有序性。一些重大公共安全事件由于其特殊的性质、紧迫的处置时间，往往需要打破常规的应急指挥程序，缩减中间指挥环节，实施点对点越级式应急指挥，从而保证应急指挥的及时性和高效性。因此，在实施常规的按级式应急指挥的同时，也可根据实际态势发展变化的需要，适时地采取越级式应急指挥，这样更有利于提高应急指挥的效能。

第三，定点式应急指挥与机动式应急指挥相结合。定点式应急指挥是应急指挥员及指挥机关在相对固定的地点对所属应急救援力量实施的指挥。机动式应急指挥是应急指挥员及指挥机关在运动中对一定空间范围内的应急救援力量实施的指挥。遂行重大公共安全事件应急指挥救援任务，要综合考量任务的性质、事件的类型、行动区域的情况、应急指挥员的素质、应急指挥手段等，以确定合适的应急指挥方式。很多情况下，可能是两种或多种应急指挥方式同时或交替使用。

第四，联合式应急指挥与独立式应急指挥相结合。联合式应急指挥是应急指挥机构组织相关力量联合实施处置重大公共安全事件应急救援行动的指挥。独立式应急指挥是应急指挥员独立对遂行应急救援任务组织实施的指挥。在处置重大公共安全事件且涉及跨区域的多个政府及其相关职能部门时，通常以事发地政府为主，建立囊括武警、公安和军队的联合应急指挥部，对参与应急救援力量实施联合应急指挥。

此外，在快速发展的信息技术的推动下，现代应急指挥方式的发展呈现出一体化、实时化、网络化、标准化的趋势。

三、城市群重大公共安全事件应急指挥流程

应急指挥活动是一种特殊的组织行为过程，在这一过程中，指挥员及其指挥机关和下级指挥机构都要按照一定的步骤和要求，相互配合、密切协调，在规定时限内有序完成一系列指挥任务及其相关工作，以保证指挥目标的圆满实现。研究应急指挥流程的运行及其优化问题，对掌握应急指挥的内容、步骤、方法和要求，提高指挥效能具有重要意义。

借鉴管理科学中的业务流程理论，我们可认为应急指挥流程是指挥员为达成指挥目标，以快速高效获取、传输、处理和利用指挥信息为核

心所进行的指挥活动诸事项及其实施的顺序与步骤,是应急指挥程序在信息化条件下的表现形式。

应急指挥活动的各项任务及其相关工作的内容、承担者,以及遂行任务的方法、时间性要求和应急指挥信息流结构,是组成应急指挥流程的基本要素。按照预警与应急并重、常态与非常态相结合的应急管理思想,可将应急指挥流程划分为三个阶段:准备、组织和实施。这三个阶段的应急指挥具有不同的特点,准备阶段的指挥预测性较强,可用时间较充裕,程序性要求严;实施阶段的指挥及时性要求较高,可用时间有限,指挥流程较灵活、可变性强;组织阶段的指挥,在预测性、时限性和灵活性方面介于前两者之间。将应急指挥流程划分为三个阶段,有利于我们增强研究的针对性,更准确地把握各阶段指挥的任务、特点、方法和要求,如图3-11所示。

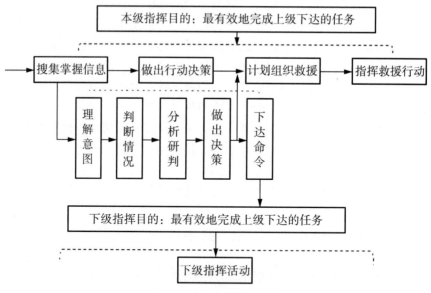

图3-11 应急指挥流程

从发达国家的实践经验来看,构建强有力的城市群应急指挥决策机制是非常重要的。因此,若要有效应对城市群重大公共安全事件,就要构建健全的城市群重大公共安全事件应急指挥机构,履行应急救援指挥决策职能。如在某一城市成立高层次的应急救援指挥中心,主要负责制定应急管理的战略规划，组织其他城市实施紧急应对措施。同时，还要明确各城市在各个领域、各种不同的应急管理中的具体职责。

城市群应急指挥决策机制的核心就是应急指挥决策系统，它通常由来自各个城市应急管理主体的管理决策者组成。在城市群重大公共安全事件发生后，首先由统一的应急预警信息中心接警，上报给应急指挥决策中心，应急指挥决策中心通过应急指挥信息系统来了解和分析事件的基本情况，包括类型和级别等，并完成事件信息的采集、分析、预案选择和应急救援决策。应急救援决策主要包括资源调度和人群疏散等。根据应急救援决策分配应急资源，从而实现应急资源的优化配置，选择最优的路径运输到事故发生点；根据应急救援决策统一组织各城市应急管理主体，实施系统救援，如图3-12所示。

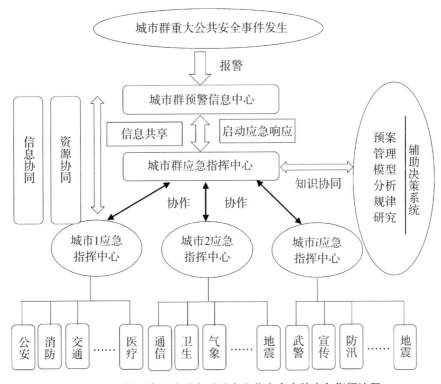

图3-12 基于协同的城市群重大公共安全事件应急指挥流程

同时，在应急救援过程中还应共享与交流所有的信息，并充分运用有线、无线、通信卫星等多种手段、技术进行信息传递,实现远程控制与决策。

第四节 重大公共安全事件应急指挥组织典型案例分析

应急指挥组织不但有内部组织结构设置与职能确定问题,而且其组织规模与结构会随突发事件的规模、严重性和复杂程度等因素的动态变化而扩展,也会随应急处置过程的结束而不断缩减,乃至被撤销。显然,科学合理地划分设置应急指挥组织结构与职能,有助于协调各方面应急救援力量的行动,整合优化各类应急资源,为救援队伍与受灾人员提供有力保障,确保整个救援过程高效且有序地开展。近年来,我国在多次重大公共安全事件应急指挥决策过程中,逐渐形成了初步的重大公共安全事件应急指挥组织体系。

为有效应对重大自然灾害等巨灾事件,必须建立强有力的应急指挥体系,如此才能做出及时、可行和有效的应急决策及处置行动。2008年汶川地震不仅是中华人民共和国成立以来一次罕见的特大地震灾害,而且其应对处置事项的紧迫性、多样性、复杂性,以及决策指挥环境的恶劣性,在世界应对自然灾害史上也极为罕见。这就更需要中央政府和灾区各地党委、政府及其职能部门的强力领导指挥。根据本节的概念界定,此次地震符合城市群重大公共安全事件的概念和特征,因此,这里将其视为典型案例展开研究。

一、2008年汶川地震波及的城市群

2008年5月12日14时28分,四川省阿坝藏族羌族自治州汶川县发生里氏8.0级强烈地震,造成包括四川、甘肃、重庆等在内的10省(市)不同程度受灾。[①]

[①] 民政部国家减灾中心、联合国开发计划署:《汶川地震救灾救援工作研究报告》2009年3月,第6-9页。

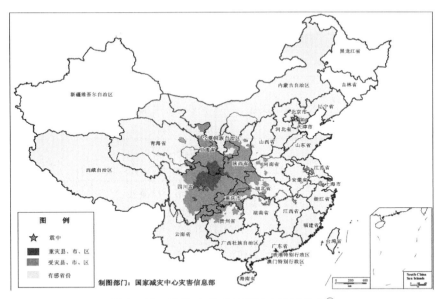

图3-13 2008年汶川地震受灾区域分布①

汶川地震震中位于中国四川省阿坝藏族羌族自治州汶川县映秀镇与漩口镇交界处，四川省省会成都市西北偏西方向79千米处。根据国家减灾委抗震救灾专家评估，可分为极重灾区、较重灾区和一般灾区。汶川地震严重受灾地区共51个市（县、区），其中极重灾区10个市（县、区），全部在四川省；41个重灾市（县、区）中29个在四川省。因此，此次地震影响范围主要属于成渝城市群，具体各省、市受灾情况分布，如表3-2所示。

---

① 资料来源：国家减灾中心。

表3-2 汶川地震严重受灾地区分布①

省	市（州）	超重灾县（市、区）	重灾县（市、区）	合计	占市（州）比重（%）
四川省	阿坝藏族羌族自治州	汶川县、茂县	理县、小金县、黑水县、松潘县、九寨沟县	7	53.8
	德阳市	绵竹市、什邡市	旌阳区、罗江县、中江县、广汉市	6	100
	绵阳市	北川县、安县、平武县	江油市、梓潼县、游仙区、培城区、三台县、盐亭县	9	100
	成都市	都江堰市、彭州市	崇州市、大邑县	4	21.1
	广元市	青川县	利州区、朝天区、旺苍县、剑阁县、苍溪县、元坝区	7	100
	雅安市		芦山县、宝兴县、汉源县、石棉县	4	50
	南充市		阆中市	1	11.1
	巴中市		南江县	1	25.0
甘肃省	陇南市		文县、武都区、康县、徽县、西和县、两当县	6	66.7
	甘南藏族自治州		舟曲县	1	12.7515
陕西省	汉中市		宁强县、略阳县、勉县	3	27.3
	宝鸡市		陈仓区	1	9.1

① 国家减灾委员会、科学技术部抗震救灾专家组：《汶川地震灾害综合分析与评估》，科学出版社2008年版，第102页。

此次地震对灾区造成重大的人员伤亡和经济损失,如表3-3所示,其主要特征是:地震强度、烈度高且余震多,破坏性大,次生灾害频繁,影响范围广,救灾难度大。根据本节前面的概念界定,本案例是典型的城市群重大公共安全事件。

表3-3 汶川地震四川灾区人员伤亡情况

地区		受灾人口		遇难（人）	失踪（人）	受伤（人）
		人数（万人）	占地区总人口比例（%）			
全省		4624	52.45	68684	18238	360358
阿坝	全地区	69.3	79.29	20278	7668	45100
	汶川			15941	7595	34584
	茂县			4016	8183	—
	理县			110	13	1615
绵阳①	全地区	521.7	96.99	21963	7795	174000
	北川			15146	—	21948
青川②		24.8	100	4697	124	15483
德阳③	全地区	300	77.86	17139	460	74086
	绵竹			11117	251	37209
	什邡			5924	202	33075
成都④	全地区	290.4	26.11	4295	550	33506
	都江堰			3081	265	10560
	彭州			952	183	5777

---

① 绵阳市人民政府:《绵阳"5·12"地震应急处置与救援情况汇报》2009年3月。
② 中共青川县委、青川县人民政府:《青川县应急管理工作汇报提纲》2009年3月。
③ 德阳市人民政府:《德阳"5·12"地震应急处置与救援情况汇报》2009年3月。
④ 中共成都市委、成都市人民政府:《全市抗震救灾工作情况报告》2008年6月。

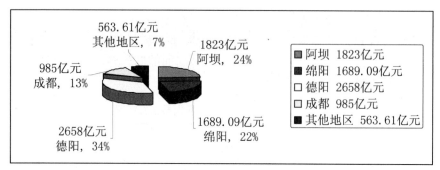

图 3-14　四川省各地区汶川地震灾害直接经济损失情况①

二、汶川地震应急指挥系统的构成

（一）汶川地震中政府应急指挥人员的构成

2008年"5·12"汶川地震发生后短短10小时内，国家最高决策层迅速做出反应，召开中共中央政治局常务委员会会议，决定成立国务院抗震救灾总指挥部，由温家宝担任总指挥，由李克强、回良玉担任副总指挥，统一指挥、全面领导抗震救灾工作。四川省抗震救灾指挥部由时任四川省委书记刘奇葆担任指挥长，统一实施抗震救灾的决策指挥。

（二）汶川地震中政府应急指挥机构构成

在特别重大地震灾害发生后，依据《中华人民共和国突发事件应对法》《国家突发事件总体应急预案》和《国家地震应急预案》的规定，应立即启动国家和受灾地区的相关应急预案，成立各级抗震救灾指挥部。

---

① 全省数据来源：四川省应急办《四川省"5·12"汶川地震灾害损失统计评估报告》2008年；阿坝州数据来源：阿坝州藏族羌族自治州人民政府编《四川农村年鉴2008年抗震救灾专卷〈阿坝卷〉》2008年12月；绵阳数据来源：绵阳市人民政府编《绵阳"5·12"地震应急处置与救援情况汇报》2009年3月；德阳数据来源：德阳市人民政府编《德阳"5·12"地震应急处置与救援情况汇报》2009年3月；成都数据来源：成都市委、成都市人民政府编《全市抗震救灾工作情况报告》2008年6月；青川数据来源：中共青川县委、青川县人民政府编《青川县应急管理工作汇报提纲》2009年3月7日。

第三章 城市群重大公共安全事件应急指挥组织框架

1. 国务院抗震救灾总指挥部及其行动

国务院抗震救灾总指挥部成立后,在灾区第一时间召开了国务院抗震救灾指挥部会议,部署应急救援行动。在汶川地震整个应急救援阶段,纵向上最高应急指挥机构由国务院抗震救灾指挥部担任,构建了一个立体的、强有力的应急指挥组织体系并开始高速运转,展开应急救援处置行动,如图3-15所示。

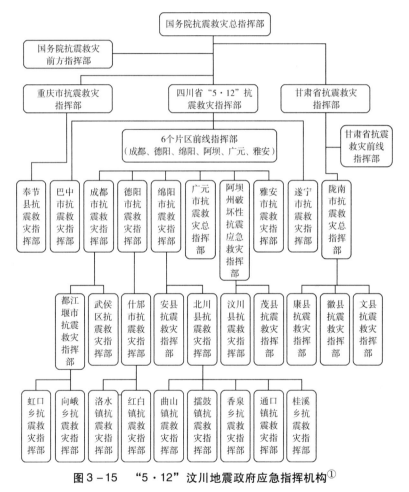

图3-15 "5·12"汶川地震政府应急指挥机构①

---

① 宋劲松、邓云峰:《我国大地震等巨灾应急组织指挥体系建设研究》,载《宏观经济研究》2011年第5期,第8-18页。

其中，国务院抗震救灾总指挥部的组织架构是动态演化的，随着灾情的变化、事态的发展，呈现出是先扩展后缩减的特征。与5月12日的组织架构相比，5月23日的组织架构扩展了横向的应急指挥职能，增设了灾后重建规划组和水利组两个组及汶川地震专家委员会（见图3-16、图3-17）。

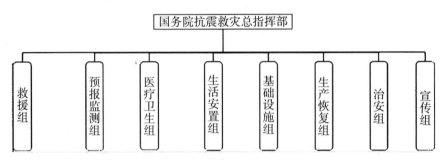

图3-16　国务院抗震救灾总指挥部组织架构（5月12日）

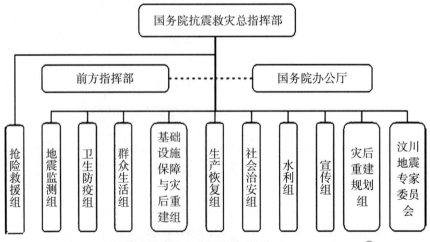

图3-17　国务院抗震救灾总指挥部组织架构（5月23日）①

2008年5月19日，随着救援与处置工作的全面进行，为了加强领

---

① 资料来源：国务院抗震救灾总指挥部决定成立9个工作组（新华社北京2008年5月18日电）。

导指挥工作，国务院进一步调整和完善了抗震救灾总指挥部的组成机构。抗震救灾总指挥部机构的建立、健全、完善和分工、职责的明确，使最高决策指挥中枢能够更为有力、有序的运行，为顺利提升和推进应急救援工作的质量和效率，提供了坚强有力的支持。

2. 地方政府抗震救灾指挥机构及其行动

在中央和国家各职能部门紧急做出应急响应、实施应急行动的同时，四川省作为震中和极重灾区，在地震发生的第一时间就成立了抗震救灾指挥部，组织实施抗震救灾工作。四川省抗震救灾指挥部是全省抗震救灾工作的地方性最高机构，是应急决策指挥的地方中枢。同时，在受灾最严重的六个市（州）成立前线指挥部，统一实施抗震救灾的决策指挥。

四川省抗震救灾指挥部成立后，总指挥刘奇葆立即发出指令，要求所有省级领导分为三批行动：一批在成都指挥部坐镇，收集全省震情、灾情信息，沟通联络前线与后方，实施总体联系与协调；一批分赴六大重灾区，到第一线指挥救援与处置行动；一批赶到设在都江堰的省前线指挥部，就近进行决策指挥。

四川共有成都市、绵阳市、德阳市、阿坝州、广元市、雅安市六个市（州）受损严重。震后，受灾市（州）都在第一时间自主成立了各地抗震救灾指挥机构，领导和指挥本地各县市、乡镇的救援与处置工作。受灾市（州）指挥部在建立、健全抗震救灾指挥机构后，先是自主而后按照国务院总指挥部的统一指挥和部署、按照省指挥部的要求和具体指令，全力贯彻执行中央的决策指示，纷纷进行了救人救命、基础设施抢救、转移安置灾民、遗体处理和防疫消毒、协调救援队伍力量和志愿者工作，以及做好稳定社会治安及群众工作等具体的救援处置决策和工作安排。

地震发生后，受灾县市和乡镇或自动或按照省市指挥部的要求，纷纷启动各自的应急预案，成立各地抗震救灾指挥机构，实地指挥本区域内的抗震救灾工作。

从上述市（州）、县市和乡镇抗震救灾指挥机构的图表中我们可以十分清楚地看出，各级地方党委及政府的主要负责人组成了各地应急指挥机构。其指挥长或组长一般均由党委书记、行政首长担任，工作组成员由相关职能部门负责人担任，涵盖应急救援与处置的各个相关领域，相关企事业单位也参与到工作小组中。

此外，还可以看到：按照《突发事件应对法》中"属地管理、地方指挥"的规范，各受灾地区党委、政府都在第一时间（1小时内）迅速建立并很快健全了应急指挥机构，涵盖抗震救灾工作的所有领域和层面，有力地领导、指挥保证了各项救援处置工作顺利展开；国务院抗震救灾指挥部统一领导和部署地方各级抗震救灾指挥机构的应急救援行动，下级服从和执行上一级应急指挥机构的指令，分别承担各自层级的应急救援与处置工作任务，从而构建了一个从上至下、组织紧密、层级分工、指挥有序、实施有力的应急指挥体系；地方各级指挥机构的工作组构成互不相同，有的分工较为概略，有的分工较为细致，有的分工较为宏观综合，有的分工则具有较强的针对性。这反映和表现了各地的灾情差别和对救援处置工作在认识、内容、重点和指挥管理方式上存在一定差异。

3. 解放军、武警、公安消防、民兵预备役部队抗震救灾指挥机构

人民解放军、武警部队、公安消防部队和民兵预备役部队等，是我国应对处置各类突发事件的突击和骨干力量，也是应对重大自然灾害、实施紧急救援的主要力量。他们迅速建立应急指挥机构和开展应急行动，是抗震救灾工作取得胜利的关键因素之一。

地震发生十分钟后，按照中央军委的指令，从军队高层到地方军事部门都在第一时间行动起来，快速组建了应急指挥体系的四级架构：第一级为军队抗震救灾指挥组，组长由时任总参谋长陈炳德担任，统一指挥所有参与抗震救灾的部队；第二级为中央军委授权原成都军区组建的联合抗震救灾指挥部，指挥长由时任原成都军区司令员李世明担任，负责指挥所有灾区部队；第三级为责任区（任务区）指挥部，共划分了五个责任区，各由一名大单位首长（军区、军兵种）负责；第四级是作战救灾部队（任务部队），由各部队的首长负责（见图3-18）。

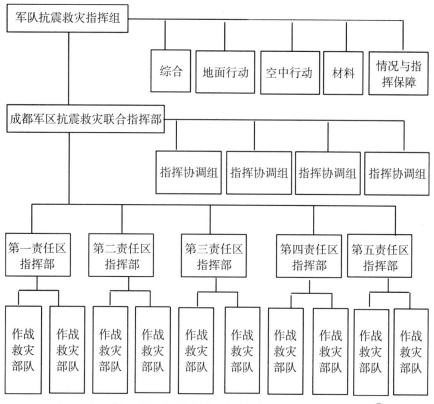

图3-18 "5·12"汶川地震军队抗震救灾应急指挥组织体系[1]

（三）汶川地震中政府应急指挥手段

2008年汶川地震在应急救灾救援过程中，应用了大量先进的科学技术，极大地丰富了应急指挥手段，对应急指挥效果的提升发挥了重要作用。如在报送灾情信息、监测评估灾情的动态变化、应急指挥图像的实时传输等应急救援过程中，小型无人驾驶飞机、卫星电话、地理信息系统、北斗定位系统等技术设备均发挥了非常重要的作用。此外，在应急救援中还应用了生命探测仪来搜索废墟中被困人员的生命体征，诸如

---

[1] 汪寿阳等主编：《突发性灾害对我国经济影响与应急管理研究：以2008年雪灾和地震为例》，科学出版社2010年版，第162-163页。

直升机、二氧化碳探测器、漕渡门桥等设备和技术的运用，显著提高了救灾救援的工作效能，大大地缩短了救援时间。

三、汶川地震各级应急指挥机构的运转

随着各级各地抗震救灾指挥部的陆续建立，各参与单元迅速展开实施抗震救灾的各项决策指挥行动。各级应急指挥机构针对本地的震情和灾情，按照上级抗震救灾指挥部的决策部署和要求，在特殊情形下实施了一系列重大决策。

（一）应急指挥部的应急指挥方式

由于汶川地震事发突然、震情巨大，加之交通和通信中断、灾情信息不明，上级的救援决策安排不能及时通达，因此，各地各级指挥机构及其领导者开展了紧急状态下的应急性决策。应急性决策不同于规范的科学性决策，有其自身的特点和优点。汶川地震救援与处置的第一阶段基本上采用的就是这种决策。

1. 应急指挥方式一：相机决策

各级指挥部最初做出的应急性决策主要表现为相机决策，这是应急性决策的主要形式之一。所谓"相机决策"，就是没有相对固定的决策方式和严密的决策程序，而是根据实际情况具体分析，其重点在于解决紧迫的重大突发事项。相机决策大多采取"紧急会商"的方式在小范围内进行，甚至在特殊情境下由最高级别指挥者临机决断。因此，相机决策主要依靠决策者个人的素质能力、知识经验乃至职位权威。汶川地震后，最初进行的救援与处置的决策大部分都是这种"相机决策"。例如，在汶川地震发生后 1 小时 27 分，胡锦涛对抗震救灾工作做出重要指示，要求尽快抢救伤员，保证灾区人民生命安全；温家宝在当日赶赴灾区的飞机上对应急救援行动做出紧急部署，并要求部队指战员克服一切困难，尽快进入受灾最严重的地区抢救生命；时任四川省委书记刘奇葆于震后迅速召开短暂会议，并做出七条指示，部署开展四川省各级政府及相关职能部门的应急救援行动；极重灾区的市县、乡镇领导，大多在第一时间临危不乱，果断相机决策，表现出了较高的应急决策水平。时任北川县县长经大忠在地震发生后果断决策，组织群众向绵阳方向转

移,避免了人员的进一步伤亡;时任绵竹市清平乡党委书记谭焱在地震发生后得知清平乡通信和交通中断,已成为一个"孤岛",他马上做出决策:以自救互救为主,把现存的米、油(包括汽油)、水、鸡蛋、酒等生活物资集中起来统一调配,首先保障伤员、老人、妇女、儿童的需要,在坚持了三天以后,又组织群众向外转移。

上述各级应急指挥机构及其指挥者在第一时间做出的各项决策,既没有经过深思熟虑,大多也没有经过领导班子的集体研究,均属于临阵相机决策。而这种相机决策在抗震救灾的紧急情况下,是及时展开救援与处置所必需的、具有重要意义的决策指挥行动。

2. 应急指挥方式二:协商决策

随着应急救援行动的逐步推进,应急指挥者所掌握的各灾区震情、灾情的信息越来越充分,此时就需要各级应急指挥部综合考虑各方面的因素,以妥善协调纵向各层级和横向各职能部门间的关系,综合研判后做出最优决策。这样,协商决策就是与之相适应的决策方式,也就是由应急指挥机构召开会议,从所有的备选方案中选出一个最合适的方案加以集体协商、研究,并通过一定的决策程序形成最终决策。在汶川地震的应急救援与处置阶段,据统计,国务院抗震救灾总指挥部针对各个时间段灾情的变化,进行了相应调整和部署,共召开了25次会议。国务院各部委、四川省政府及其职能部门也多次召开各种指挥会议,针对某一方面的专项工作或某一时段的全面工作,研究出台了一系列文件、通知、规定、办法等部署相关救灾工作。

3. 应急指挥方式三:科技机构和专家参与决策指挥

现代社会,任何社会公共事务的有效开展均离不开科学技术,包括科学机构、专家团队和专业人员的作用,地震应急救援与处置也不例外。在一定意义上,是否注重和发挥好科技机构和专家的作用,是衡量自然灾害应急管理水平的一个重要尺度。而汶川地震的应急救援与处置,其面广、任务重、难度大,需要各种科技机构、专家团队参与应急决策与指挥,以最大限度地保障应急救援与处置的科学性和效率。

(二)明确应急指挥目标:全力进行人员抢救

汶川地震应急救援与处置工作任务重、头绪多、难度大,需要各级应急指挥机构做出多项决策和实施大量的处置指挥行动。面对这一严峻局面，中央和地方各级指挥部审时度势，抓住抗震救灾工作的主要方面，进行了一系列重大决策指挥行动。

震后不到1小时，新华社播发胡锦涛做出的重要指示，要尽快抢救伤员，要保证灾区人民生命安全。2008年5月17日上午，胡锦涛在汶川县考察时，了解到一些边远山村救援力量薄弱的情况，立即做出部队官兵"进村入户"的果断决策。他强调指出：一定要下定决心，靠两条腿也要走到各个村寨，搜寻埋在废墟中的人。当天，灾区解放军、武警、公安消防部队发起了以挽救生命为重点的救灾大总攻。在处置唐家山堰塞湖次生灾害的过程中，温家宝多次要求，最重要的是要确保群众无人伤亡。据统计，此次汶川地震救出总人数约87000人，其中自救互救约70000人，军队救出约10000人，专业救援队合计救出7439人。①在救援过程中，解放军、武警部队、民兵预备役和各种专业救援队构成了地震救援主要力量，发挥了非常重要的作用。

（三）多主体救援力量整合决策指挥

震后初期的主要决策是调集救援力量尽快进入汶川县城。随后，根据不同灾区的不同灾情，对救援区域进行划分，调整了救援力量和物资的配置，更加注重专业力量的增调，并在救援力量中合理配置人员搜救、工程抢通、紧急医疗处理等方面的专业人员。此外，随着灾区各地方政府功能的逐步恢复，应急救援逐步向过渡安置转变，越来越多的决策内容可归属于工作事项移交及人力、物力配备方面的调整性方案。

经过一段时间的磨合，各方面救援力量的统一指挥逐步整合，大体形成了在各级抗震救灾指挥部的统一指挥下，各职能部门具体衔接联系的指挥体系。其中，武装力量是抗震救灾的中流砥柱，但中央调动的部队来自四面八方和不同军种，如何做到军地协调和军种协调，就成为高层决策指挥的重要内容之一。在抗震救灾中，胡锦涛、温家宝多次强调，要加强统一指挥，提高救人的效率。由于地方政府和驻地军对灾区的地形、气候、语言等特点较熟悉，因此，须重视发挥他们的主导作用，同时还要结合军队的优势，实现军地、军种协调联动。协调的主要原则包括：

---

① 民政部国家减灾中心、联合国开发计划署：《汶川地震救灾救援工作研究报告》2009年3月，第10页。

1. 军地协调—地方为主

在应急指挥体系建立中,当地驻军的首长都加入了所在地的地方抗震救灾指挥部,一般担任副指挥长。从具体的救灾行动来讲,凡军队被上级机关指令进入某灾区参加救援与处置行动,大都是到当地抗震救灾指挥部报到和受领任务。而在具体实施救援中,部队的现场指挥则仍由部队指挥员担任。

2. 军种协调—驻军为主

2008年5月14日,原成都军区在中央军委的授权下成立联合指挥部,统一指挥进入四川灾区参与抗震救灾的部队。同时,进入市(州)的部队也要加强与当地警备区、军分区及人武部的协调。

3. 构建"四位一体"联合指挥模式

有效地整合解放军、公安消防、武警、地方救援四个方面的应急救援力量,通过军地合署办公来有效指挥和控制各类资源。

(四)维护社会稳定、恢复社会秩序的决策部署

2008年5月19日晚,刘奇葆在四川省指挥部成员会议上明确要求,要切实维护灾区社会稳定,加强市场监管,稳定灾区物价,同时要求及时开展灾害损失调查摸底,积极准备灾后恢复重建工作,帮助受灾群众恢复正常生产生活。

5月21日,四川省抗震救灾指挥部向全省各地指挥部下发了《帮助灾区群众搞好小春粮食收割储存的通知》。

5月22日,蒋巨峰主持召开指挥部会商会,提出积极谋划灾后重建,在有条件的地方适时恢复生产。

从汶川地震应急指挥体系的运转情况来看,基本展现了国务院和四川省两级指挥机关决策指挥内容的全貌,回应了抗震救灾若干重大待决事项的紧迫挑战,显示出相关决策指挥主体在应对前所未有的突发事件时的强大能力。从这一应急指挥体制的运行实践中,我们可以看出:应急指挥决策权力集中、应急指挥方式灵活;指挥迅捷统一、指令果断明确;靠前跟踪指导、及时调整快捷;专家重点参与、决策彰显科学;属地管理为主、层级分工负责。这些应该是这一体制运转所蕴藏的内在机制和重要特点。此外,各级政府应迅速建立应急指挥机构,明确应急指挥人员的构成,在应急管理过程中应坚持"属地管理"的原则,坚持

联合指挥模式与统一指挥原则，以指挥部会议和多层级指挥部联席会议的方式协调应急指挥关系。

总之，在汶川地震中构建的较为合理的重大公共安全事件应急指挥系统，是较为典型的纵向应急指挥协同模式。

本章小结

本章从理论上分析了城市群重大公共安全事件应急指挥的组织框架，主要包括应急指挥系统、应急指挥体系及其实现路径。城市群重大公共安全事件发生后，政府须及时设立应急总指挥部、现场应急指挥部或应急指挥中心等指挥机关，其应急指挥属于多主体、多部门参与的指挥行动。在联合指挥体制下，只有一条"指挥线"，每一层级只有一个直接"指挥者"，不应存在双指挥线、多指挥线，或双重领导、多头指挥的现象。构建联合应急指挥体制，必须确保联合应急指挥机构对诸应急救援力量的权威性，具有全权指挥权，形成集中统一的指挥关系。其首要任务是形成指挥控制环——对各种应急救援行动进行有效控制，确保各种救援行动完整、有序，避免出现有头无尾、行动冲突等问题。而形成指挥链的难点和核心是多主体、跨区域、多部门协同问题。

最后通过对2008年汶川地震应急指挥系统（应急指挥人员、应急指挥机构、应急指挥手段）构成的分析，以说明我国重大公共安全事件应急指挥系统的基本构成及组织结构的规范过程，并对应急指挥组织的纵向与横向应急指挥模式进行梳理。

第四章　城市群重大公共安全事件应急指挥协同模式

对城市群来说，重大公共安全事件发生后，其中单座城市仅仅依靠自身有限的应急资源是难以应对的，这就需要各城市应急指挥中心协同配合实施应急救援行动。因此，应建立城市群重大公共安全应急指挥协同模式。通过城市群中各城市应急指挥中心之间应急资源的相互补给配置、应急指挥信息的传递和共享及相互合作支持等，实现对整个城市群应急资源的优化配置，进而实现应急指挥协同目标。城市群中任意一个城市发生重大公共安全事件后，应迅速以该城市为中心建立重大公共安全事件应急指挥中心，其他各城市迅速响应，建立起相应的应急指挥协同模式，以发挥城市之间的协同作用和城市内各应急部门间的协同作用。

第一节　城市群重大公共安全事件应急指挥协同概述

协同最早来源于协作的相关研究，从某种意义上来说是更高层面的协作。一般来说，根据应用领域的不同，对协同的概念界定和理解也有不同。目前，学术界主要有三个角度的界定，一是指军事组织间的协同，包括作战单元、人机系统、指挥个体等；二是指计算机支持的协同工作；三是指"协同学"理论所述的系统达到某种"涌现"行为状态。本节所研究的协同，类似军事组织间的协同，是指重大公共安全事件发生后，参与应急救援行动的组织单元之间的协同。

一、应急指挥中协同的定义

德国著名物理学家赫尔曼·哈肯（Herman Haken）提出的协同学（synergetics）理论是目前学术界所研究的应急管理协同理论及概念的重要基础。如第一章所述，协同学及协同的概念是其在1971年发表的《协同学：一门协作的科学》中提出的，认为"协同"概念的本质特征是整体大于部分之和的系统自组织性。在这之后，不仅仅是在物理学领域，其他自然科学和社会科学领域的研究和应用也逐渐涉及协同学的理论，尤其是在管理学领域，协同学的相关理论得到了广泛应用，由此出现了协同管理的概念与模式。

定义一：协同就是指联合、连接、调和所有的力量。①

定义二：企业中两种或两种以上的要素进行有机结合就可以产生"1+1>2"的效果，即超出了将这些要素单纯相加的效果。该定义从战略的角度说明了协同的经济学含义，即企业整体的价值有可能大于各部分价值总和，但若出现协同效应使用不恰当的情形，就会产生部分要素价值之和小于整体，即"1+1<2"的效果。②

定义三：当从企业一个组成部分中积累的资源可以被同时且无成本地应用到该企业的其他部分时，协同效应就会发生。③ 该定义将协同的概念分解成互补效应和协同效应两部分，认为互补效应主要是通过对可见资源的组合利用来实现的，而协同效应则主要是通过对隐形资源的组合利用来实现的。

本节研究的协同概念与军事领域中军事组织间的协同相似，在军事领域中，协同的概念较为成熟，总结起来，军事组织的协同概念主要有以下四种。

第一，协同是指军队或者兵力为达成战斗或者战役目的而按照目

---

① ［法］H. 法约尔：《工业管理和一般管理》，周安华等译，中国社会科学出版社1982年版，第7页。

② ［英］安德鲁·坎贝尔、凯瑟琳·萨姆斯·卢克斯编著：《战略协同》（第二版），任通海等译，机械工业出版社2000年版，第29-31页。

③ ［英］安德鲁·坎贝尔、凯瑟琳·萨姆斯·卢克斯编著：《战略协同》（第二版），任通海等译，机械工业出版社2000年版，第64-70页。

标、任务、地点以及遂行任务的时间和方法采取协调一致的行动。这是俄罗斯的沃罗比约夫在《俄军合同作战原则》一书中给出的定义。

第二，协同是指诸兵种部队、兵团、分队遂行共同战斗任务而进行的协调配合。这是《中国人民解放军军语》（简称《军语》）中给出的定义。

第三，协同是指在统一的指挥下，诸军兵种、部队根据统一的意图和计划，为遂行共同的战斗任务而协调一致的战斗行动，又称协同动作。这是《中国军事百科全书·战术分册》中给出的定义。

第四，协同是指为了实现共同的目标，参加作战行动的各单元一起努力工作的过程。这是2002年由美国智库——兰德公司发布的《信息时代作战效能的度量——网络中心战队海军作战效果的影响》研究报告中给出的定义。

在上述协同的相关定义中，前两种强调的是为达成一致的目标，在协调配合过程中，参与单元（分队或部队）需要完成协同作战，此时作战单元之间的协同动作需要决策来实现，并且这种决策行为是同时实施的。第三种定义则认为协同是在统一指挥下实施的作战行动，突出指挥员在协同中所起的作用，并强调在指挥员之间认知的一致性。第四种定义延伸了协同的内涵，相较而言更加符合信息时代背景下对指挥协同的要求。实际上，我们认为，协同组织单元不仅包含指挥员，而且包含为指挥员达成认知高度一致性的通信、信息处理等装备。

参照上述军事组织协同的定义，笔者认为应急指挥中的协同是应急指挥者依据一定的指挥目标和组织结构，在特定的环境下，动态适时地调整应急指挥系统中应急组织单元资源的过程。而协同效果与协同过程及协同质量等因素有非常紧密的关系。一般来说，需要遵循一定的规则和程序来完成应急组织决策结点协同结构的设置，而结构设置的不同对协同效果产生的影响也是不同的。此外，信息在应急指挥系统中的流动与应急通信的畅通与否密切关联。应急指挥中协同的含义主要包括以下六个方面。

一是参加协同行动的应急组织单元应有两个或两个以上，具有一定层次的应急指挥组织结构，并且要有能做出最终决策的一方。

二是应急指挥协同目标应共同一致，如最大程度降低人员伤亡或使财产损失降到最低等。协同意味着为了一个共同的目标一起努力工作，若协同各方存在交换信息行为，但这些信息与共同的应急救援目标没有关系，那么我们说这种行为不属于协同行为。

三是参与应急行动的各应急组织单元的协同行为要主动积极。当最高应急指挥机构确立一致的应急指挥目标后，需要各参与组织单元主动积极地共享态势。此外，一些应急指挥中心例行的简报或约定等都不属于典型的协同行为。

四是协同目标的实现应遵守一定的规则和程序。协同的规则和程序应通过应急预案和应急模拟演练制定形成，且要形成统一的应急指挥体系。当未实现协同目标或协同行动失败时，应根据需要重新制定协同的规则和程序。

五是通信是实现高效协同的重要手段。主动实现各协同方的通信作为共同应急救援行动的一部分，如将建立灾区环境的态势感知作为协同目标，使得各类应急救援组织和人员能够主动积极地保持各方通信畅通，就能及时组织和有效控制应急救援行动，提高协同行动的效果。

六是在认知域最终确立协同的目标。应急组织协同主要在四个域内发生，即物理域、信息域、认知域和社会域。应急指挥协同目标形成在信息域和认知域，在认知域达成，在物理域和社会域实现。

二、应急指挥中协同的特征

（一）应急指挥协同内容的多样性

应急指挥协同内容的多样性，是指应急指挥协同内容涉及多个方面，包括完成协同的交流方式、实现协同所需要的条件、涉及的领域、应急组织结构、职责以及协同单元之间的关联等。协同内容的多样性首先表现在完成协同的交流方式是多样性的，这使得研究人员很难度量协同及其效果。因此，为了便于研究人员观察、评估应急指挥协同的特性和效果，必须对应急指挥协同的多样性进行分解，从中找出几种典型方式，来控制其核心要素。

（二）应急指挥参与主体数量的不确定性

鉴于重大公共安全事件的类型和规模很难确定，参与应急救援的组织数量、种类和规模也就很难确定。而协同单元控制者的延伸就是应急指挥协同主体，其主体不仅反映出协同的参与者是谁，同时还包括协同过程中是否利用所有的相关技术等。此外，应急指挥协同参与者的数量也是相当重要的，它直接影响协同的时间和质量。当外部限制条件相同时，就未来该做什么以及如何去做，一般来说，更多地参与主体需要更多的时间才能达成共识。

（三）应急指挥协同的域交叉性

应急指挥协同的域交叉性主要指应急指挥协同在信息域和认知域产生的交叉性。在基础应急救援部门和个体之间可以通过简单的共享信息和数据来共同完成工作，而真正的应急指挥协同则要求应急指挥员通过共享知识与分析灾区环境态势，在定性层次上完成。因此，应急指挥中的协同大多发生在信息域和认知域内。应急指挥主体在协同过程中产生一个新想法，这种新想法就是一种认知，要交换这一新想法就要在信息域内完成，协同就在信息域和认知域实现了交叉。

（四）应急指挥协同结构层次的多样性

应急指挥协同结构层次的多样性是指应急指挥协同在结构上会产生多种差异。首先，应急决策主体职权结构多样性，如纵向上应急指挥权力的等级、应急组织的上下级关系等；横向上同级应急协同单元在救援方式和职能上也会存在不同。因此，即便应急决策者是专家或是复合型指挥人才，在职责上也是存在差异的。其次，结构包括多种通信模式，即应急组织实体间的连接方式。最后，结构还依赖于不同的具体救援任务，当协同发生在具有不同职责、寻求协调行动的个体之间时，它可能是临时性的，也可能是长时间的。

三、应急指挥中协同目标实现的条件

随着信息技术的广泛应用，中央政府到地方各级政府均构建了应急指挥平台，应急组织单元间可以实现信息共享，这就为实现协同创造了条件。突发事件发生后，在通信设施损坏或瘫痪的情况下，基本上是靠应急指挥者的感觉和认知来进行指挥和决策的，此时协同指挥的实现就会受到很大的限制。信息化、网络化环境条件更加明显地体现了协同的作用。具体来说，应急指挥中协同目标实现的条件包括以下三项。

（一）信息共享

信息共享是实现应急指挥协同的关键，也是实现共享感知的前提。信息共享可以有多样化的表现形式。当两个或多个协作单元的地理位置非常接近时，可面对面地通过声音交换信息，也可利用肢体语言交换信息。在某种特殊情况下，利用视觉手段加以弥补时，则需要通过事先制定的规则来实现。例如，海军船舰上的信号兵运用"旗语"或"灯光"进行交流，是依据已经形成的国际海军或海员的交流惯例进行的。当实体单元之间的距离较远时，需要利用某些技术实现信息共享，例如电话、电子邮件、数据链终端等。

所以说，城市群重大公共安全事件应急指挥是信息集聚的过程，需要各城市应急管理主体之间的协同合作，汇集各参与主体的智慧，形成一种协同式群决策机制，从而建立一个多层次、多主体的应急指挥决策模式，尽量克服决策者非完全理性的限制。

（二）知识共享

知识共享是各应急协作单元决策的基础。在城市群重大公共安全事件应急指挥中，如何有效地获取知识、传播知识、应用知识和共享知识是提高应急决策能力的关键。在实现协同过程中，不同协作单元均存在某种程度的知识共享，知识共享可以使应急响应更及时、城际协同更有效、信息传递更透明、决策制定更科学。因此，要建立和完善城市群应急指挥决策机制，从而实现在最恰当的时间以最恰当的方式将最恰当的知识传递给应急指挥决策者的目标，使城市应急决策知识得到最大限度的共享。

随着国民经济的迅速发展、城市群交通网络的逐步完善，城市之间的联系日益紧密。若要弥补单座城市应急决策知识的不足，就需要建立城市群应急决策知识管理系统。突发事件发生后，在城市群应急指挥协同体系中，借助城市群应急决策知识管理系统，使城际应急决策信息更加通畅，周边城市能够更多地了解事发地的灾害等级、通信损失、交通状况、医疗条件和应急资源储备等信息，从而实现城市群各城市应急指挥中心之间的有效协同。应急指挥决策者可借助由城市群应急决策知识管理系统提供的决策知识，更高效地进行决策，发出应急指挥命令，协调各城市完成应急救援活动，如图4-1所示。

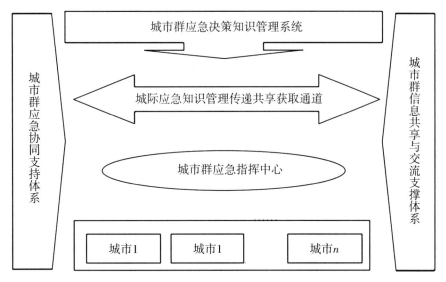

图4-1 城市群应急决策知识管理应用机制

总之，城市群应急指挥协同体系是以城市应急决策知识管理系统为基础，以城市应急协同和信息共享与交流平台为支撑。通过城际应急知识管理传递共享获取通道，城市之间可以围绕突发灾害事件发源、发生、发展和消亡的全过程进行交流，使单座城市的应急管理知识和经验为其他城市所用，实现应急知识的传递和学习，从而增强城市群应急决策的科学性和有效性。

（三）态势共享

各应急组织基于对同步及协同程度的理解，各应急协作单元建立相似的感知，就实现了态势共享。信息共享及知识共享的实现程度等是影响态势共享的因素。如果应急救援行动计划不完整、不详细，实现态势共享就是同步行动的重要条件。态势共享的度量很复杂，通常不能直接度量，这时可以利用可测行为及对主体的直接问询进行间接度量。

总之，我们说实现共享能够充分发挥信息的根本效用，这就决定了信息共享必然会延伸发展到态势共享。从形式上，共享信息从听觉信息向多元感官信息延伸；从内容上，共享信息从信息领域向认知领域延伸；从层次上，共享信息从技术问题向更深层次的文化问题延伸。

四、应急指挥中协同的构成要素

在应急指挥中，由于应急组织单元分布空间区域的广泛性，应急指挥者必须建立一个具有层次性的应急指挥组织结构，以便其能够实施指挥和控制各方的应急救援行动，高效处理复杂的危机态势，从而完成应急救援目标和任务。其中，应急信息源、应急通信设备和应急指挥系统的完备程度在很大程度上决定了应急指挥协同的高效与否。例如，在通信完全中断的情况下，应急指挥者只能实施开环指挥，即按照预定的指挥原则指挥应急救援行动。当各应急指挥结点通信联络能保持畅通时，应急指挥者可实施闭环指挥，充分调配人力、物资等应急资源，从而实现协同目标和任务。由此，我们认为，在应急救援组织中协同的构成因素主要有五个，即协同对象、协同结构、协同目标、协同手段及协同指挥，如图4-2所示。

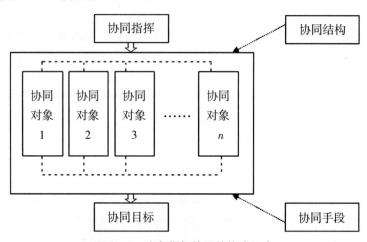

图4-2 应急指挥协同的构成要素

（一）协同对象

协同对象主要是指协同的实体，如应急决策指挥者、协同机制与规则以及应急指挥组织设备等。其中，应急决策指挥者是协同的主体，是决策人，负责实施各自应急组织单元中的应急救援协同行动，其认知能力很大程度上决定了应急指挥协同的效果。决策主体、协同机制与规则在很大程度上是协同的"软对象"要素，而应急救援装备、应急指挥平台和通信设备等，这些都属于应急指挥协同的"硬对象"要素。若这些硬件要素都完备，则应急指挥组织成员能实现信息的流动和信心的取得。应急信息作为重要的决策要素，是实现应急指挥协同的依据，来源于各应急指挥平台的汇报、应急中心数据库或其他信息源，可为应急指挥者提供决策支持。协同机制与规则是实现应急指挥协同目标的约束条件，是实施应急救援方案前制定的有利于应急救援协同行动的一系列协同机制与规则。

（二）协同结构

协同结构是指参加协同的应急组织实体单元，是依据应急指挥协同目标组建的，具备完成一定应急救援任务能力的结构。在实施应急指挥协同过程中，协同对象应遵循一定的结构。由于协同对象各自承担着不同的应急救援任务和目标，因此其组成构造及发挥的功能也存在不同。

（三）协同目标

协同目标是指由最高应急指挥者确立、参与协同的应急指挥组织实现的共同目标，如最大程度降低人员伤亡、使财产损失降到最低等。协同目标可以根据应急救援的目的而变化，具有一定的时间性。

（四）协同手段

通信是应急指挥组织实施战术协同的主要手段。传统通信手段是工业时代的产物，其主要缺点是信息损失较大、保密性较差、通信时间较长，因此已经不符合信息化时代应急指挥的需要。联合应急指挥及一体化应急救援行动是信息化时代应急指挥的典型，数据链技术是其协同的主要手段，通过数据链技术可直接连通相关的应急指挥系统，并在立体空间构建数据传输交换和信息处理网络，这样就实现应急指挥协同。

(五) 协同指挥

协同指挥的好坏反映了应急指挥者自身的素质。因此，协同指挥实际上是一种主观行为，其指挥的好坏反映了指挥者对客观世界的认知能力。

第二节 纵向协同模式——基于权威的集中式应急指挥协同模式

一、纵向协同模式的定义

纵向协同是指不同层级应急指挥部门之间的协调，其目的是规划辖区内的各种资源和力量，为总体的快速应急反应提供支撑的模式，其主要特征是总指挥部权威明确，由大领导统一指挥应急救援。在我国，目前应对重大公共安全事件以纵向协同模式为主，如图4-3所示。例如，2008年汶川地震时政府构建的应急指挥体系就是典型的纵向协同模式。

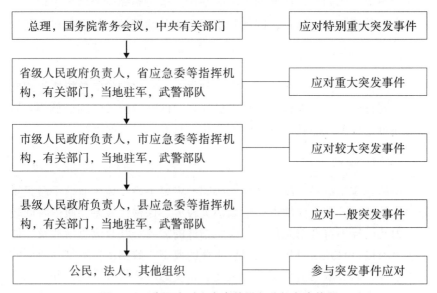

图4-3 我国应对突发事件纵向分级负责体制

目前来看,在我国应急指挥机构可以分为四个层级,即中央级、省(直辖市)级、地(市)级和县级,基本是按现有的行政层级来构建的。如图4-4所示是在面对重大公共安全事件时,构建的纵向协同为主的应急指挥系统。由于现阶段我国没有真正建立起统一的重大公共安全事件应急指挥体系,而传统的"分地区、分部门、分灾种"的应急指挥机制存在诸如应急指挥效率不高、应急指挥协调效果不佳等问题。因此,应科学合理利用现有资源,建立具有实体性、常设性的统一的应急指挥组织体系,是构建重大公共安全事件应急指挥体系的重要内容。

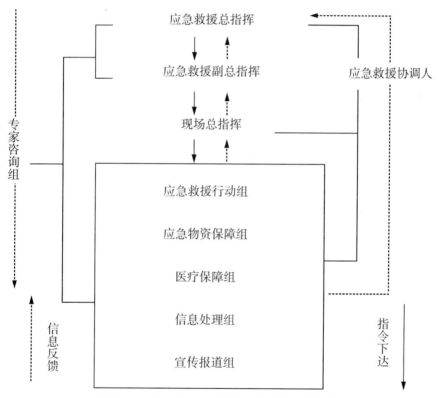

图4-4 重大公共安全事件应急指挥系统构成

二、纵向协同模式的特征

一般来说，应急指挥纵向协同模式的特征，具体包括以下几个方面：第一，应急指挥要素完备，各层级应急指挥关系清晰。在重大公共安全事件发生后，能够迅速响应，设立应急指挥部，明确应急指挥者，对应急指挥信息进行汇总，充分利用各种应急指挥手段，对应急指挥对象发出行动指令，从而实现应急指挥目标。第二，应急指挥部权限明确，各参加部门绝对服从。由于纵向应急指挥组织体系基本是按照行政层级建立的，因此能够在总指挥部的统一指挥下采取应急行动。第三，应急指挥方式多为集中式指挥和分散式行动。第四，应急指挥的技术保障条件齐备。由于有中央层级的应急指挥总指挥部，因此能对全国范围的各类应急资源进行统一调配。第五，应急指挥控制力相对较强。由于各层级应急指挥部指挥权力较为清晰，因此本级应急指挥者对所属应急单元具备较强的控制力。

为了最大限度地发挥应急指挥纵向协同模式的优势，我国政府应建立包括中央、省、市三级应急指挥组织体系。建立国家层面的应急指挥中心，负责全国范围内重大公共安全事件的应急指挥与协调；建立省、市两级应急指挥机构，明确不同层级指挥权责和层级之间的联动协调；统一由最高层级应急指挥中心管理，实现指挥集中、反应快速、资源共享、互联互通的应急指挥协同体系。此外，在一元化指挥原则下，还须明确区分应急组织指挥体系中总指挥部与现场应急指挥部的指挥权力分配，规范各级各类应急组织指挥机构的组织结构及其配属关系，控制合适的管理幅度。

第三节 横向协同模式——基于协商的分散式应急指挥协同模式

一、横向协同模式的定义

横向协同是指在同一个应急指挥层级中，各职能部门遵循一定的协调原则和细则，完成应急救援工作的模式。其主要特征是应急单元各司其职、协商完成应急救援行动。2008年南方冰雪灾害的应对是较为典型的横向应急指挥协同模式，下面对其应急指挥组织进行分析。

2008年南方冰雪灾害，从行政区域来看，包括湖南、湖北、江西、贵州、安徽、四川和广西等在内的诸多省份，是受灾害波及最严重的区域，同时也是我国城市群较为密集的区域，是我国电力、交通和物资运输的重要通道和人口稠密地区。灾害在春运高峰期时发生，致使全国数十条高速公路、十多个机场，以及多条铁路主干线停运，造成大量人员和交通阻滞的连锁反应，因而直接助推物价高涨和其他社会不稳定因素出现。随着持续时间的延长，受灾区域及损失不断增大；并且次生、衍生灾害不断叠加放大，最终发展成全面性的严重灾害，严重影响了我国经济社会发展的稳定秩序，如图4-5所示。

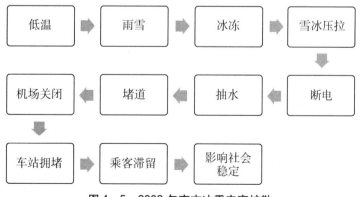

图4-5 2008年南方冰雪灾害扩散

为了应对此次灾害，中央层面建立了国务院油电煤运和抢险救灾应急指挥中心，设指挥长一名、副指挥长一名、办公室主任一名。涉及气象局、铁道部、交通部和公安部等相关职能部委的具体应急指挥协调主要还是基于各部门自身的职能。省级政府的应急指挥协调与中央层面和国家有关部门的做法基本类似，如图4-6所示。

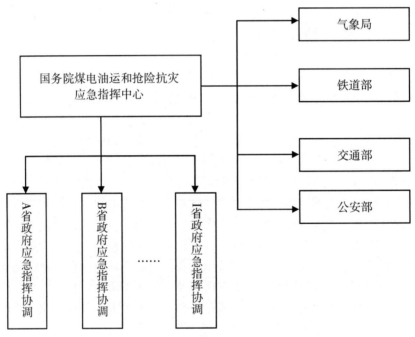

图4-6　2008年南方冰雪灾害政府应急组织体系

但此次灾害应对也暴露了一些应急指挥协同方面的问题，需要进一步完善负责综合性应急决策、分析与指挥的组织机构和相应的协调机制。多主体参与到应急指挥行动中，各级应急指挥者虽能靠前指挥，但还存在一些各自为政的现象，导致应急指挥协同效率不高。

二、横向协同模式的特征

相较于纵向协同模式，应急指挥横向协同模式的具体特征包括以下几方面：第一，应急指挥要素基本齐全，但各层级应急指挥关系不明晰。在重大公共安全事件发生后，能够设立应急指挥部，对应急指挥对象发出行动指令，对应急指挥对象进行合理调度。第二，各参加部门是"条块分割"的管理关系，由于应急指挥权互不隶属，相互协作关系不太清晰。而横向应急指挥组织体系基本是按照部门职能建立的，因此在实施应急指挥过程中，主要是基于各部门职能采取应急指挥行动，部门之间的应急联动相对较弱。第三，指挥部的权威性虽然较弱，但各参加部门还是相对服从的。第四，应急指挥方式多为分散式指挥和分散式行动。第五，应急指挥控制力相对较弱。

第四节 基于网络分布式的应急指挥协同结构

在信息化、网络化条件下的应急组织协同中，组织内的应急单元或网络结点是分布在一定范围的时空区域里的，其决策方式和协同模式是由应急指挥组织结构决定的，因而会影响其应急指挥效果。这里从协同结构出发，研究应急单元的结构组成和划分，分析其结构对协同效果的影响。

在由多个应急单元组成的应急指挥机构中，当应急单元的数量很多时，可将应急组织视为应急网络组织，其许多特性表现为网络特性，这时，网络中的应急单元也称为"决策结点"。此时，可认为协同是在特定的环境下，应急指挥者依据一定的指挥组织结构，适时地、动态地调整应急指挥系统中所有应急组织和资源的过程。我们说，协同效果与协同过程及协同质量直接相关。应急指挥组织的决策由分层的多个决策结点来完成具体的应急救援任务，则其协同就呈现出群决策的特征。鉴于协同行动的各个应急单元的分布性及应急指挥平台上的各个决策结点的层次性，应急救援行动体现出联合效果。目前，可根据应急指挥目标、约束条件和任务完成情况将协同结构大体分为三类，包括基于复杂系统的应急指挥协同结构、基于战术指挥的协同结构和基于信息流的应急指挥协同结构。

一、基于复杂系统的应急指挥协同结构

对基于协同组织结构进行研究，要追溯到复杂系统结构。从系统的层次性特征来分析，一般系统均由不同的子系统构成，子系统基本结构有递阶和交叉两种方式，递阶结构是指子系统之间存在上下层次关系，而交叉结构的子系统则处于同一层次上，是一种平行式的结构。通常，根据子系统的不同组合，可分为递阶、交叉、交叉递阶、递阶交叉四种结构。如果将具体的协同组织与复杂系统的结构视为同构，那么协同组织中的某个决策结点就相当于复杂系统的子系统结点。这时，相应地，也可将应急组织的协同结构分为四种（见图4-7）。

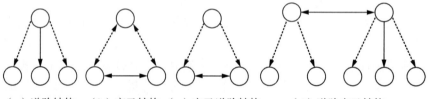

(a) 递阶结构　(b) 交叉结构　(c) 交叉递阶结构　(d) 递阶交叉结构

图4-7　应急组织的协同结构类型

协同组织结构及特点如表4-1所列。在四种类型的应急组织协同结构中，单个的交叉式协同结构是一个无中心的组织结构，各个应急组织单元相互之间是平行的关系。这样，若出现组织通信损坏的情况，就很难实现其协同目标。而交叉递阶式协同结构既具有层次性，又具有交叉系统结构的特征，故该类型是研究协同结构的主流模式。对于上述四种组织的协同结构来说，由于应急组织行动单元的协同是在不同组织层次上进行的，因此有效实现协同指挥目标的前提是必须有统一的应急指挥。

表4-1　应急组织的协同结构及特点

结构名称	特点	适用指挥方式
递阶式协同结构	其应急指挥决策分主次和先后，各个子单元之间处于组织中不同的层次	集中式指挥

续表 4-1

结构名称	特点	适用指挥方式
交叉式协同结构	其应急指挥决策不分主次和先后，各个子单元之间处于组织中同一层次上	分散式指挥
交叉递阶式协同结构	下层组织单元为交叉式协同结构，而下层交叉结构又与上层结点构成递阶结构	分布式指挥
递阶交叉式协同结构	下层组织单元为递阶结构，而与上层结点又构成交叉结构	分布式指挥

这里主要研究基于信息流处理的分布式协同结构，它是一种交叉递阶结构，图 4-8 为两层结构情况的简易图示。其中，决策结点 2 和 3 为平行结点，共同构成交叉的下层结构，决策结点 1 为上层结构，并且与决策结点 2 和 3 构成交叉递阶结构。这种结构中，决策结点 1 为最终决策结点。

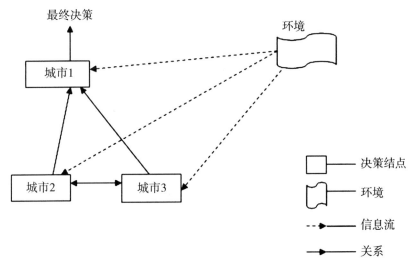

图 4-8　基于信息流的城市群应急决策结点分布

二、基于战术指挥的协同结构

通常，应急指挥也可看作信息搜集、存储、传输、转换、输出、利用的过程。因此，应急指挥组织工作能否成功实施的前提条件是其信息结构是否拥有足够的信息通道。若要保证其信息结构的畅通性，则需满足相应的信息结构条件。目前，战术指挥的协同结构主要有集中协同结构、递阶协同结构及网络协同结构三种。

三、基于信息流的应急指挥协同结构

在完成某次应急救援任务中，从信息流的角度来看，应急指挥组织往往包含多个指挥决策结点，其中应包含一个主决策结点，下属若干行动子结点。由于生存性以及其他因素的影响，各应急行动结点是分布在广阔的地域上的，且应急指挥者之间是相互协调、各负其责的，最后由最高应急指挥机构统一进行应急指挥决策。

从应急指挥信息流动的角度来看，通常可将应急指挥结构分为集中式、分散式和分布式三种类型。其中，应急指挥结构的集中式与分散式是相对立的。一般来说，在集中式应急指挥结构中，各应急组织单元的应急指挥者是集中的，因而其应急指挥行动相对容易实现协同，对各类应急资源的调配较为有效；在分散式应急指挥结构中，组织中各个应急指挥员是相互独立的，故也是最需要建立有效协作关系的；分布式应急指挥结构则是介于集中式和分散式两种类型之间的，它既是集中式应急指挥结构，在同一指挥下，应急指挥员相互之间进行协同与合作；同时又是分散式应急指挥结构，各个应急指挥员各负其责，相互协同。因此，分布式应急指挥结构是适应现代应急管理要求的未来主流应急指挥模式。

从三种应急指挥结构的关系来看，它们之间是存在包含关系的。其中，集中式应急指挥结构是基础，与分散式应急指挥机构之间是相互关联的，分布式应急指挥结构包含了前两者。从决策的形成过程看，最为传统的是集中式决策结构；分散式决策结构最需要协作；分布式决策结构则处于集中式和分散式之间。这种应急指挥组织层次结构是相对符合实际的，这也是目前学术界将分布式应急指挥决策作为应急指挥研究热点的重要原因。

第五节 城市群重大公共安全事件应急指挥协同模式分析

如前所述，在应急指挥组织体系中，政府之间的行政关系在某种程度上会影响相互之间的协同效果。接下来笔者将对目前我国城市群中各城市之间的行政关系模式进行梳理，这样能够有针对性地构建应急指挥体系。就政府间行政关系而言，当代中国城市群政府行政关系包括"纵向主导"和"横向主导"两种基本模式。

一、纵向主导模式

纵向主导模式的主导者为中央或省级政府，依靠自上而下的行政命令实施应急指挥，各城市政府作为参与者落实应急指挥指令；横向主导模式是具有平行行政等级的各城市政府针对特定区域应急治理问题而进行的平行合作。相对来说，当前我国城市群跨域应急管理协调主要以横向主导模式依托建立合作机制。

二、横向主导模式

从主导者的发起角色角度来看，横向主导模式可分为三种情况：一是由城市群的中心城市政府发起，其他城市政府共同参与的协同模式，可称为"主导—参与"模式，通常在城市群中都有一个或两个规模较大的中心城市，对区域中其他城市具有较强的影响力，中心城市即凭借这种影响力来构建城市群重大公共安全事件的应急指挥组织；二是由重灾城市发起组建，其他城市政府共同支援的协同模式，可称为"支援—协作"模式；三是由城市群内各城市政府共同发起，各协作方基于共同的目标开展平行协作，可称为"平行—协作"模式，这一模式强调常态下以属地管理为原则的分散地应急管理工作，同时也建立应急联动协作常态化机制。

综上所述，若城市群重大公共安全事件的应急指挥组织由中央组建，那么以纵向应急指挥协同模式为主；若城市群重大公共安全事件的应急指挥组织由中心城市发起组建，那么以横向应急指挥协同模式中的"主导—参与"模式为主；若城市群重大公共安全事件的应急指挥组织由重灾城市发起组建，那么以横向应急指挥协同模式中的"支援—协作"模式为主；在常态下，构建城市群重大公共安全事件的应急指挥组织则以"平行—协作"模式为主。

我国现行的政府应急管理模式是依照职能分工的原则，结合行政区域及层级的划分而形成的"分类管理、分级负责、属地管理"的分割治理模式。对于应对城市群重大公共安全事件来说，这种碎片化的政府应急管理模式会使跨域治理的成本大大增加，对应急资源的配置也会出现重复、浪费，从而制约甚至阻碍应急指挥目标的实现。因此，我们在考虑构建应急指挥组织体系时，应在现有应急管理体制的基础上，综合运用上述三种协同模式，将相对独立的应急指挥机构形成纵向联结、横向沟通的系统整体，建立总体上分层和具体层次上网络化的应急指挥体系，从而最大限度地实现应急指挥协同目标。

本章小结

对于城市群来说，重大公共安全事件发生后，单座城市仅仅依靠其有限的应急资源是难以应对的，需要城市群中各城市建立应急指挥中心，并要协同配合应急救援行动，因此，应建立城市群重大公共安全应急指挥的协同机制。通过城市群中各城市应急指挥中心之间应急资源的相互补给配置、应急指挥信息的传递和共享及相互合作支持等，对整个城市群的应急资源进行优化配置，实现应急指挥协同目标。城市群中任意一个城市发生重大公共安全事件后，应当迅速以该城市为中心建立重大公共安全事件应急指挥中心，其他各城市迅速响应，建立起相应的应急指挥协同机制。

本章首先分析了应急指挥协同的特征，然后进一步指出信息共享、知识共享和态势共享是实现应急指挥协同的条件，协同对象、协同结构、协同目标、协同手段和协同决策是应急指挥协同的构成要素。在此基础上，分析应急指挥协同的三种模式，即纵向基于权威的集中式应急指挥协同模式、横向基于协商的分散式应急指挥协同模式和基于网络的分布式应急指挥协同模式。在对纵向应急指挥协同模式特征进行分析的基础上，结合我国政府纵向应急指挥组织体系，提出了最大限度地发挥纵向应急指挥协同模式优势的设想。其次结合案例对横向应急指挥协同模式的特征进行了分析，提出了改进我国政府横向应急指挥组织协同的策略。同时还分析了城市群重大公共安全事件应急指挥的三种协同模式，即"主导—参与""支援—协作"和"平行—协作"，进一步提出我们在考虑构建城市群应急指挥组织体系时，应在现有应急管理体制基础上，综合运用上述三种协同模式，从而最大限度地实现应急指挥协同目标。

接下来，我们需进一步研究如何构建合理的城市群重大公共安全应急指挥协同模式，并利用合理的模型及算法实现其优化设计。

第五章　城市群重大公共安全事件应急指挥组织协同设计

城市群重大公共安全事件发生之后，各城市政府应迅速建立持续、可靠的应急指挥组织。由于城市群多中心性、网络性的特征，我们需要研究构建基于网络的分布式应急指挥协同模式，并利用合理的模型及算法实现其优化设计。

本章首先界定了城市群重大公共安全事件应急指挥组织的实体概念，并对其属性进行了分析，其次对城市群重大公共安全事件应急指挥组织结构层次设计进行描述，最后进一步研究城市群重大公共安全事件应急指挥关系优化设计问题。通过理论上分析组织协作网的建立过程和组织决策树的数学模型，对城市群应急指挥组织决策树进行了数学描述和分析，利用Gomory-Hu tree生成算法对城市群应急指挥组织决策树进行求解，分析了算法在解决决策树生成问题上的复杂性与计算结果。首先，以长三角城市群为例，搜集统计数据，应用该数学模型和算法对长三角城市群各城市应急指挥中心之间的协作关系进行优化分析；其次，以同样的模型和算法对珠三角城市群重大公共安全事件应急指挥关系进行优化分析。

第一节　城市群重大公共安全事件应急指挥组织实体概念及属性分析

组织权变理论认为，在研究组织结构和模式时，事实上是没有"普遍适用"和"一致"的。应该在具体的组织任务和使命环境下，依据的具体条件和约束，设计出最佳的组织结构，使得组织结构能够与使命环境相匹配，这样，组织才能够展现出最佳的运作效能。因此，组织优化设计研究的重点就是如何实现使命环境、组织任务和组织结构之间的最佳匹配。[①] 信息技术被广泛应用于应急管理领域，使得在复杂环境中的应急组织更突出了信息化指挥与控制下组织变革的特征，通过快速优化组合组织中，能力有限但理性的成员个体、分散的组织资源和信息，以组织成员个体之间的高效协作、物理资源和信息资源的优化配置以及组织最佳行动策略的使用来实现应急指挥目标。

城市群重大公共安全事件应急指挥组织的实体概念分析是定量描述组织资源（包括物理平台资源和决策者）和组织的过程需求，这样我们就可建立组织设计过程中的约束参数。理论上，城市群重大公共安全事件应急指挥组织实体的构成有三个部分，即应急指挥平台、应急指挥决策实体和应急救援任务。[②]

一、城市群重大公共安全事件应急指挥平台

应急指挥平台是应急决策个体执行应急救援任务的载体，是应急组织中的资源实体。其中，资源实体既可以是具体的应急行动平台，也可以是应急指挥组织单元。一般地，应急指挥平台的基本属性包括：应急信息获取范围、调动应急资源的能力、应急指挥平台的类型、运行速度以及地理位置等。我们可将应急指挥平台记为 P，则由其构成的平台集合为 $P = \{P_1, P_2, \cdots, P_k\}$，$k$ 为应急指挥组织拥有的平台数量。应急指挥平台的属性，如表 5-1 所示。

表 5-1 应急指挥平台属性

平台属性		平台属性描述
属性	属性表示	
平台类型	T	应急指挥平台 P 的类型
最大速度	v	应急指挥平台 P_i 的最大速度
地理位置	(x_i, y_i)	应急指挥平台处理任务 i 的地理位置

[①] Hollenbeck R, "Structural Contingency Theory: a Reappraisal," *Research in Organizational Behavior*, JAI Press Inc. 14, (1992): 267-309.

[②] 郭景涛、佘廉：《基于组织协作网城市群应急指挥关系优化设计——以长三角城市群为例》，载《北京理工大学学报（社会科学版）》2016 年第 1 期，第 115-120 页。

续表 5–1

平台属性		平台属性描述
属性	属性表示	
功能资源	$[pc_{i1}, pc_{i2}, \cdots, pc_{ij}]$	应急指挥平台 P_i 的功能矢量
信息获取范围	I	应急指挥平台的信息获取范围
等级	U	应急指挥平台所处等级位置
注：$i=1,2,\cdots,k$，其中 k 为平台数量		

基于我们对应急指挥平台概念的界定，对于城市群构建的应急指挥组织机构来说，其应急指挥平台应该是负责实施应急救援行动的相关政府职能部门和组织，具体如表 5–2 所示。其中，每一个应急指挥平台都要落实一个应急指挥决策实体的指挥，它们都是应急指挥组织中的资源实体，能够完成设定的应急救援任务目标。[1]

表 5–2 城市群重大公共安全事件应急指挥平台类型[2]

平台	P_1	P_2	P_3	P_4	P_5	P_6	P_7	P_8	P_9	P_{10}
类型	电力	通信	公安	反恐	交通	防汛抗旱	卫生防疫	安全生产	森林防火	人防工程
平台	P_{11}	P_{12}	P_{13}	P_{14}	P_{15}	P_{16}	P_{17}	P_{18}	P_{19}	
类型	重大动植物防疫	消防	地震	气象	民政	军队	武警	新闻宣传	财政	

二、城市群重大公共安全事件应急指挥决策实体

在城市群应急指挥组织体系中，决策实体起到应急指挥者的作用，实际就是各城市应急指挥中心的负责人。决策实体要对所属组织应急救

---

[1] 郭景涛、佘廉：《城市群重大公共安全事件应急指挥协同关系研究》，载《内蒙古社会科学》2016 年第 2 期，第 16–21 页。

[2] 郭景涛、佘廉：《城市群重大公共安全事件应急指挥协同关系研究》，载《内蒙古社会科学》2016 年第 2 期，第 16–21 页。

援行动做出指挥决策，对各类应急指挥组织应急资源进行调动和配置。应急指挥决策者的指挥与控制行为是通过各个应急指挥平台实施的，我们可把它们看成指挥与控制关系中的结点，能够完成应急救援目标与任务。一般来说，对于应急指挥决策实体，可赋予其两个主要职责：一是管理其所控制的各类应急资源，对所负责应急救援任务进一步分解、拟定行动计划、协调行动、配置资源等；二是及时处理接收的应急信息，应急信息的来源主要包括上级的命令、所控制的各类平台资源搜集的信息和与同级的共享信息等。设 DM 为应急指挥决策实体集合，则 $DM = \{DM_1, DM_2, \cdots, DM_i\}$，$i$ 为应急指挥决策实体数量。应急指挥决策实体的职责模型如图 5-1 所示。

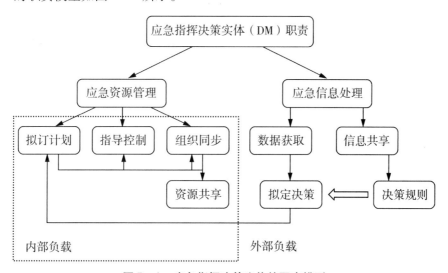

图 5-1　应急指挥决策实体的职责模型

接下来的重要问题是，在应急指挥协同组织结构设计过程中，要定量描述应急指挥决策实体的能力约束。这里主要从任务处理能力、外部协作能力和内部协作能力三方面来描述其能力约束条件。第一，是应急指挥决策实体在同一时间点处理任务的能力，即任意应急指挥决策实体在同一时刻工作负载的约束。这里我们假设在同一时刻任意应急指挥决策实体能有效完成三个应急救援任务，也就是说，应急指挥决策实体的工作负载约束为3；第二，是外部协作组织结构的约束，即当任意两个应急指挥决策实体需要完成同一应急救援任务时，建立起来的对等链接关系一定要在同一组织结构层次上，需要注意的是，该协作约束是针对应急指挥决策实体间而言的；第三，是内部协作能力的约束，表示每个应急指挥决策者能同时指挥和控制多少应急指挥平台。基于此，应急指挥决策实体的数据属性，如表5-3所示。

表5-3 应急指挥决策实体属性

应急指挥决策实体属性		属性描述
属性	属性表示	
应急救援任务处理能力	CI	决策实体 DM_j 的任务处理能力
应急管理控制能力	CD	决策实体 DM_j 的管理控制能力
协作能力	CO	成功处理任务的功能需求矢量 R
注：$j=1, 2, \cdots, i$，其中 i 为决策者数量		

由此，我们可根据应急救援任务目标的不同，针对城市群重大公共安全事件的实际情形来将上述应急指挥平台进行合理聚类。比如说，可以假定在某个城市群重大公共安全事件中，依据事件的级别，共成立5个城市应急指挥中心来指挥协调应急救援行动，可记为 $DM = \{DM_1, DM_2, DM_3, DM_4, DM_5\}$。具体需要完成的应急救援任务包括抢险救灾、预警监测、应急保障、卫生防疫和社会安全稳定。其中，赋予应急指挥中心 DM_1 的主要任务是抢险救灾，其所辖的应急指挥平台包括：P_6（防汛抗旱）、P_9（森林防火）、P_{10}（人防工程）、P_{12}（消防）、P_{15}（民政）、P_{16}（军队）；赋予应急指挥中心 DM_2 预警监测任务，其所辖的应急指挥平台包括：P_{13}（地震）、P_{14}（气象）；应急指挥中心 DM_3 的主要任务是应急保障，其所辖的应急指挥平台包括：P_1（电力）、P_2（通信）、P_5（交通）、P_8（安全生产）、P_{19}（财政）；应急指挥中心 DM_4 主要任务是卫生防疫，其所辖的应急指挥平台包括：P_7（卫生防疫）、P_{11}（重大动植物防疫）、P_{18}（新闻宣传）；应急指挥中心 DM_5 主要任务是社会安全稳定，其所辖的应急指挥平台包括：P_3（公安）、P_4（反恐）、P_{17}（武警）。[①]

---

① 郭景涛、佘廉：《基于组织协作网城市群应急指挥关系优化设计——以长三角城市群为例》，载《北京理工大学学报（社会科学版）》2016年第1期，第115-120页。

这里需要说明的是，任意应急指挥中心 DM_j 所赋予的应急救援任务并不是固定的，是根据重大公共安全事件的实际情况的不同而进行相应的调整。同样地，其所属的应急指挥平台也不是固定的，可根据实际情况进行调整。

三、城市群重大公共安全事件应急救援任务

一般来说，在重大公共安全事件的应对行动中，对应急指挥目标进行分解后会得到子任务。因此，应急救援任务是指组织为完成应急指挥目标而实施的某一次行动。在本节中，确定每个应急平台需要执行哪些应急救援任务是通过应急指挥组织过程设计完成的。

应急指挥组织完成其应急救援目标的过程会产生基本任务及与任务间的序列关系。应急救援任务执行的功能需求矢量与组织功能资源矢量是一一对应的，设完成组织目标的所有任务为集合 $Task = \{t_1, t_2, \cdots, t_N\}$，$N$ 为的任务数量。集合 $Task$ 中的任意任务 t_i ($1 \leq i \leq N$) 的基本属性数据，如表 5-4 所示。

表 5-4 应急救援任务属性

任务属性		任务属性描述
属性	属性表示	
处理时间	$D(t_i)$	任务 t_i 的处理时间
所在位置	(x_i, y_i)	处理任务 t_i 的地理位置
功能需求	R	成功处理任务的功能需求矢量 R
注：$i = 1, 2, \cdots, N$，其中 N 为任务数量		

此外，功能是指在某次应急行动中被认为是在执行应急救援行动使命过程中不可再分割的基本功能。通常功能的确定也是对组织资源类型划分的确定，功能为应急指挥平台所拥有。设应急指挥组织的基本功能为 f，则 $f = \{f_1, f_2, \cdots, f_n\}$，$n$ 为组织资源的基本功能数量，$f_i (1 \leq i \leq n)$ 表示应急指挥组织具备的第 i 项功能资源。通常，对应急组织所拥有应急资源进行的划分是确定基本功能的依据。如以地震救援为例，划分其救援组织的资源包括：紧急救援 f_1、医疗救治 f_2、预报监测 f_3、交通

指挥 f_4、通信保障 f_5、社会治安 f_6、宣传舆论 f_7、生活安置 f_8 和基础设施保障 f_9，则其功能矢量可表示为 $\bm{F} = \{f_1, f_2, \cdots, f_9\}$。

第二节　城市群重大公共安全事件应急指挥组织结构层次设计描述

综合以上概念定义，城市群应急指挥组织结构的设计即建立应急指挥平台、应急指挥决策实体和应急救援任务三者之间的层次关系。进一步地，依次需要建立以下三个层次的关系来推进应急指挥组织结构的设计工作：第一层次，应急指挥平台在应急救援任务上的协作关系，即应急救援任务计划（R_{P-T}）；第二层次，应急指挥决策实体对应急指挥平台的控制关系，即应急指挥组织协作网（R_{DM-P}）；第三层次，应急指挥决策实体之间的协作交流关系，即应急指挥组织决策树（R_{DM-DM}）。

第一层次：应急救援任务计划。第一层次上应急指挥组织设计，主要解决应急救援任务计划问题，也可称为应急救援任务结构设计。它是根据应急指挥组织所拥有的平台资源及所需要完成的救援任务需求的约束，来确立应急指挥平台到应急救援任务的最佳配置关系，由此产生应急组织平台资源执行任务流程的分派方案。

第二层次：应急指挥平台组织协作网，是根据应急指挥决策者的各种能力和工作负载的约束，来确立由应急指挥平台到应急指挥决策者的聚类，基于应急指挥组织平台资源的分派方案产生组织协作网，通过分析应急指挥决策实体之间的链接权重，建立合理的协作链接关系。

第三层次：应急指挥组织决策树，是根据应急指挥组织高效运作的需求，来确立应急组织内决策实体间的指挥控制关系，基于组织协作网产生应急指挥决策实体间最佳的决策层次结构。

由于第二、三层次设计主要解决应急指挥决策实体间的协作与指控关系，是组织结构关系的体现，因此被称为应急指挥组织结构设计。应急指挥组织结构的设计内容包括任务结构设计与组织结构设计。在设计流程上，三个层次的设计关系为，底层设计工作是上层设计的基础，而上层次设计过程中，为满足设计目标，又要调整底层设计，其设计流程如图 5-2 所示。在确定的组织过程基础上，组织结构的设计即由底向上逐层构建不同层次上的关系，并根据设计目标和约束参数的满足程度进行反复迭代，直到产生满足设计目标的结构。

基于上面对应急指挥结构三个层次关系的描述，对其结构的设计可以分解为对三个相关问题的求解：应急救援任务计划或者应急资源配置方案、应急组织协作网设计和应急组织决策树的设计。因此，应急救援任务计划是应急组织协作网产生的基础，应急组织协作网是组织决策树产生的基础。对这三个问题的求解，即对应三个层次关系的设计，各层次关系设计都有各自的目标和约束参数。

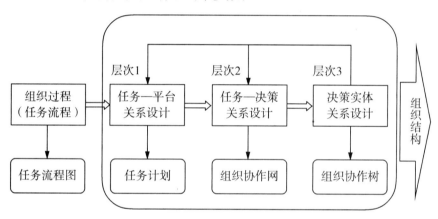

图5-2 城市群应急指挥组织结构设计流程

一、第一层次：应急救援任务计划

应急指挥组织结构的任务计划是对于应急指挥平台资源而言，按照应急救援任务进行分配，该问题的实质是应急指挥者根据应急救援任务完成的顺序关系、应急指挥平台资源的能力及其属性，对应急指挥功能资源的需求进行整体规划，以产生最优的配置方案。因此，在建立应急救援任务流程图的基础上，对应急救援任务计划进行应急资源的合理配置与部署，其优化目标是把合适的应急平台资源分配到正确的地点，去执行正确的应急救援任务。通常，这一关系设计目标包括以下四个方面。

（1）在最短时间内对应急救援任务过程进行处理。

(2) 调配合适的应急指挥平台或平台组去执行合适的应急救援任务。

(3) 在应急指挥平台分配过程中,尽量满足所有应急救援任务的功能资源需求。

(4) 在完成应急救援任务的情况下,尽量减少应急指挥平台在任务执行上不必要的协作,为组织协作网的设计奠定基础。

通常,对某一具体应急救援任务的处理,需要满足完成这一任务的所有必备条件,这些条件应包括:充足的应急平台资源、应急平台资源在应急救援任务区域集结到位、该应急救援任务准备完成。由此,可以假设某一应急救援任务由平台资源进行处理时,应具备以下条件和约束:①在这一应急救援任务之前的所有救援任务都已完成;②所有被分配到该任务应急指挥平台的资源均已到达指定区域;③到位的应急资源不能小于应急救援任务对资源的需求;④一个应急指挥平台,单次只能完成一个应急救援任务。

一般来说,应急救援任务计划问题属于多目标优化决策研究的范畴,这一问题往往在应急资源规划、车辆运输调度、指派时出现,目前学术界也已有许多调度算法被用来解决该问题。应急救援任务计划目标使完成应急救援任务的总时间最少,能提高完成所有应急救援任务的有效性。而应急救援任务的有效性表现在将需要的应急指挥平台资源或平台资源组分配到正确的位置去执行相应的应急救援任务。也就是说,在应急救援任务对资源需求能够得到满足的条件下,要最大化地提高应急指挥平台资源的利用率,使得完成应急救援任务过程的时间最小化。同时,还要减少应急指挥平台在应急救援任务执行上出现的不必要协作,这样可以降低组织协作网和应急指挥决策组织结构设计的复杂性。综上,对这一分配过程可以进行如下数学上的描述:

$$Q_1(R_{\text{P-T}}) = \min \max_{l \in G_{\text{T}}} D(l)$$

$$\text{s. t.} \begin{cases} s_i + a_i + x_{ijm} \cdot \dfrac{d_{ij}}{v_m} \leqslant s_j (i,j = 1,2,\cdots,N; m = 1,2,\cdots,K) \\ \sum_{m=1}^{K} pc_{mk} \cdot \omega_{im} \geqslant r_{ik} (i,j = 1,2,\cdots K; k = 1,2,\cdots,n) \end{cases}$$

(5 - 1)

在式（5-1）中，l 是应急救援任务 G_T 中从起点任务到终点任务的路径，$D(l)$ 表示某一路径时间需求；s_i 表示应急救援任务 i 的开始时间，a_i 表示应急救援任务 i 的处理时间；d_{ij} 表示应急救援任务 i 到应急救援任务 j 的距离；v_m 为应急指挥平台的应急救援任务 i 到应急救援任务 j 的运行速度；ω_{im} 为分配变量，当应急指挥平台 P_m 分配给任务 t_i 时 $\omega_{im}=1$，否则 $\omega_{im}=0$；X_{ijm} 为转移变量，应急指挥平台 P_m 处理应急救援任务 t_i 后分配给应急救援任务 t_j 时，则 $x_{ijm}=1$，否则 $x_{ijm}=0$。式（5-1）表示应急指挥平台调度方案的设计目标是在满足应急救援任务资源需求的情况下使组织应急救援任务中最长时间路径最小化。

二、第二层次：应急指挥组织协作网

一般地，应急指挥组织内部协作的高效与否在很大程度上会影响组织运作的整体效能。组织决策个体间若在应急救援任务的实施过程中频繁地出现交叉重复，往往会导致应急指挥组织整体运作效率的下降。而决策个体间在应急救援任务执行过程中若缺少必要的交互时间，同样也会导致应急救援任务完成的效能下降。因此，应急指挥组织优化设计的主要目标之一就是实现组织内部的高效协作。通常来说，对应急指挥组织的设计，一方面期望做到组织成员间在既定的应急救援任务上分工明确，组织高效运作；另一方面又期望设计的应急指挥组织在一定程度上对于外部环境的变化能够很好地适应，即要求设计的组织兼具灵活性和健壮性，能够及时处理意外事件的发生，这样就使得我们必须去掉冗余的协作以满足上述要求。对于相对稳定的外部环境和明确的应急救援任务而言，可以通过优化应急指挥组织设计的方式来减少决策个体间的协作，从而达到提高应急指挥组织效能的目的。[1]

在应急救援任务执行过程中，应急指挥平台会出现相互间的协作，这会使得应急指挥决策实体之间产生协作，因此，组织协作网的设计就

---

[1] Kemple W G, Kleinman D L, Berigan M C, "A2C2 Initial experiment: Adaptation of the Joint Scenario and Formalization," *Proceedings of the 1996 Command and Technology Symposium*, *Monterey*, *CA*6, (1996): 837-846; Levchuk Y N, Pattipati K R, Kleinman D L, "Analytic Model Driven Organizational Design and Experimentation in Adaptive Command and Control," *Systems Engineering* 2, (1999): 89-97.

是要建立应急指挥决策实体对应急指挥平台资源的指挥控制关系。这样，我们通过设计应急指挥决策实体对应急指挥平台资源的指挥控制关系，就能建立应急指挥组织内决策实体之间的协作网。这一协作关系设计的目标是将应急指挥决策实体之间在应急救援任务处理上的不必要协作降到最低，尽量降低应急指挥组织内的协作工作负载，最大限度地提高应急救援任务的执行效率。其中，协作关系既包括应急指挥决策实体的内部协作，同时也包括应急指挥决策实体之间在执行应急救援任务中的外部协作。

由此，应急指挥组织协作网设计过程可进行如下简单的数学描述。

$$Q_2(R_{DM-P}) = \min \max W^I \cdot \sum_{i=1}^{K} dp_{nm} + W^E \cdot \sum_{j=1,j\neq n}^{D} \sum_{i=1}^{D} ddt_{nji}$$

(5-2)

$$n = 1, 2, \cdots, D$$

在式（5-2）中，$Q_2(R_{DM-P})$ 表示对应急指挥决策实体间的最大协作量最小化，其中，协作包括对应急指挥平台控制的内部协作 $\sum_{i=1}^{K} dp_{nm}$ 和通过应急救援任务链接的外部协作的加权和 $\sum_{j=1,j\neq n}^{D} \sum_{i=1}^{D} ddt_{nji}$；$dp_{ni}$ 表示应急指挥决策实体 DM_n 对应急指挥平台 P_i 的控制关系；ddt_{nji} 表示应急指挥决策实体 DM_n 与 DM_j 通过应急救援任务 t_i 建立的链接关系；W^I、W^E 分别为应急指挥组织内部协作与外部协作的权值。

三、第三层次：应急指挥组织决策树

对于应急指挥组织层次结构的关系，我们可以通过组织决策树来体现。一般来说，在正式的组织中都会有比较明确的组织层次结构，这种层次结构对组织的整体运作效能产生影响，其结果是截然相反的。一方面，组织结构的层次性使不同角色和分工的个体成员在应急救援任务的协作处理上可以获得较高的效率；另一方面，这种层次结构会对组织中成员交流的信息进行过滤，从而导致了个体成员间的信息出现"扭曲"、交流延迟或者过载的现象，这会使组织整体运作的效能下降。组织的这一特征在激烈变化的不确定环境中表现尤为突出。而在相对较为稳定的外部环境中,组织层次结构如果经过优化设计,能够使组织在完成应急救援任务过程中获得更佳的效能。[①]

应急指挥决策实体间层次结构设计的目的是:通过优化应急指挥决策实体的职责分布、应急指挥决策实体的控制幅度以及应急指挥决策实体协作负载与决策负载的平衡,提高在应急救援任务执行过程中的指挥速度,降低应急指挥决策实体间、应急指挥平台间的协调成本,提高应急指挥决策实体间的决策效率和速度。

由于应急指挥决策实体所控制的应急指挥平台在应急救援任务上的交互协作是非常复杂的,这样就会形成应急指挥决策实体之间的协作网,即应急指挥组织协作网,而该协作网是应急指挥组织决策树结构产生的基础。如前所述,应急指挥决策实体之间的层次等级关系会改变应急指挥组织协作网内原有的协作关系,从而建立起关于协作的新的概念。这种新的协作关系应包括两方面:一是应急指挥决策实体之间的直接垂直协作关系;二是应急指挥决策实体之间的直接水平协作关系。综上,我们对应急指挥组织决策树的建立过程可进行如下简单的描述:

$$Q_3(G_{or}) = \min \sum_{i=1}^{D} L(dm_{\sup}, dm_i) \quad (5-3)$$

在式(5-3)中,$L(dm_{\sup}, dm_i)$ 表示最高应急指挥决策实体 $dm_{\sup}$ 与其他应急指挥决策实体 dm_i 之间的链接。

式(5-3)以应急指挥决策实体之间的链接(每一个决策实体到最高决策实体的链接)数量来测度应急指挥决策实体间的协作量,并以最小化协作量为设计目标。协作量的最小化即减少结构的层次,使组织结构趋于扁平,同时力求减少应急指挥决策实体之间的间接协作关系。

从建立应急指挥组织协作网到产生应急指挥决策树,我们可以看出,这个过程去掉了组织协作网中存在的环路,并且明确了应急指挥决策实体之间的层次结构关系。这样,在应急指挥组织内就出现了应急指挥决策实体之间的间接外部协作(也可称为附加外部协作),由此会使得应急指挥决策实体的工作负载增加。为了描述并设计应急指挥组织决

[①] Hollenbeck R, "Structural Contingency Theory and Individual Differences: Examination of External and Internal Person-Team Fit," *Journal of Applied Psychology* 87, No. 3 (2002): 599 – 606.

策树，我们需要对应急指挥决策实体间的间接外部协作与工作负载进行定义。

第三节　城市群重大公共安全事件应急指挥协同关系设计

基于以上定义与分析，我们在研究城市群重大公共安全事件应急指挥协同关系时，要充分考虑在应急救援任务上应急指挥组织中决策个体间是存在协作关系的，由此，通过建立模型和优化计算分析，最终找到最优的决策链接关系，即构成组织决策树。这种链接关系包含两方面内容，一是继承了应急指挥决策个体间在应急救援任务上的协作；二是承载了基于树结构的附加协作，这种树结构删除了原协作关系中存在的环路。这样，为了实现预定的应急救援任务的协作关系，其中的部分应急指挥决策结点就需要承载在组织决策树中不再存在的原有的协作链接。由此，我们可以展开更加深入的模型分析。

一、基于决策树的城市群重大公共安全事件应急指挥协同关系模型

如图5-3所示，我们可以在应急指挥组织协作网中对各应急指挥决策实体间的外部协作、内部协作、协作链接和链接权值进行标识。以这一组织协作网为基础，可以建立对应急指挥组织决策树的设计。

如前所述，应急指挥组织的层次结构可以通过组织决策树来体现，由此，可分析应急指挥决策实体之间的指挥和控制关系。组织决策树以应急指挥决策实体为树结点，边为应急指挥决策实体之间关系的链接，对任意的树结点，只存在一个父结点；且组织决策树内是不存在环路的。在构建组织协作网的基础上形成组织决策树，可以描绘出组织决策结构图，该图是由应急指挥决策最高层，即根结点与其他应急指挥决策结点建立的有向链接关系构成的。

接下来研究工作的主要思路是，对应急指挥组织内协作的基本概念进行界定，在明确应急救援任务计划的基础上，将应急指挥组织协作优

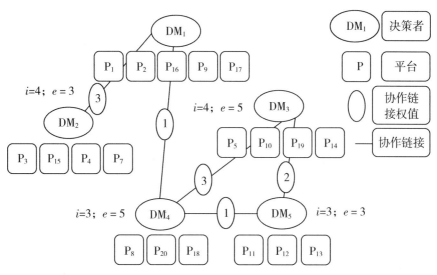

图5-3 城市群应急指挥组织协作网

化设计的目标设定为最小化应急决策实体工作负载,并对组织内应急指挥决策实体间的协作网采用不同方法进行设计。为了能够定量描述应急指挥组织内的协作行为,并进一步分析组织内的协作关系,给出以下基本概念的定义。

定义一:应急指挥决策实体的内部协作是指应急指挥决策实体管理和控制其拥有的应急平台资源。记应急指挥决策实体 DM_n 的内部协作量 i_n 为所控制的应急指挥平台数量,则 $i_n = \sum_{m=1}^{K} dp_{nm}$ (dp_{nm} 表示应急平台 P_m 与应急指挥决策实体 DM_n 之间的隶属关系,若 $P_m \in DM_n$,则有 $dp_{nm} = 1$,否则 $dp_{nm} = 0$)。

内部协作能力表示应急指挥决策实体对应急平台的管理和控制能力。这里我们可以假定应急指挥决策实体的内部协作能力是有限的,记应急指挥决策实体的最大内部协作量为 B^I,则 $i_n \leq B^I$。

记应急指挥决策实体 DM_n 和 DM_z 之间的协作量 c_{nz} 为 DM_n 和 DM_z 必须协作完成的应急救援任务数,则 $c_{nz} = \sum_{i=1}^{N} ddt_{nzi} = \sum_{i=1}^{N} \min(dt_{ni}, dt_{zi})$ (ddt 表示应急指挥决策实体间在应急救援任务上的协作关系,DM_n 与 DM_z 在应急救援任务 t_i 上产生协作关系,则 $ddt_{nzi} = 1$,否则 $ddt_{nzi} = 0$;

dt 表示应急指挥决策实体与应急救援任务间的关系，若 DM_n 通过其所控制的应急平台来执行应急救援任务 t_i，则 $dt_{ni} = 1$，否则 $dt_{ni} = 0$）。

定义二：应急指挥决策实体的直接外部协作是指应急指挥决策实体之间在应急救援任务上产生的协作关系。应急指挥决策实体 DM_n 的直接外部协作是其与所有其他决策实体之间的协作总量，记在组织中的应急指挥决策实体 DM_n 的外部协作量为 e_n，则 $e_n = \sum_{z=1, z \neq n}^{D} c_{nz}$。

这里假定应急指挥决策实体的直接外部协作能力同样也是有限的，记为 B^E，表示所能够完成的最大直接外部协作量，则 $e_n \leq B^E$。

定义三：应急指挥决策实体的间接外部协作是指在组织决策树中，由于应急指挥决策实体 DM_i 与 DM_j 之间没有建立起直接的决策链接关系，从而导致应急指挥决策实体 DM_i 与 DM_j 间若进行协作交流，必须要通过其他应急指挥决策实体来建立。设 $path_{ij}$ 为 DM_i 与 DM_j 在组织决策树中协作交流的路径，则对存在于路径 $path_{ij}$ 中的应急指挥决策实体 DM_n，DM_i 与 DM_j 之间进行的协作导致 DM_n 出现了额外的协作负载。记 a_n 为组织决策树中应急指挥决策实体 DM_n 的额外协作负载，定义为附加外部协作量，则 $a_n = \sum_{i=1}^{D} \sum_{j=i+1}^{D} c_{ij} \cdot path_{ij}(n)$。

式中，$path_{ij}(n)$ 为 bool 函数（即为 0，1 函数），当 $DM_n \in path_{ij}(n)$ 时，$path_{ij}(n) = 1$，否则 $path_{ij}(n) = 0$。

记 AC 为应急指挥组织总的间接外部协作量，则有：

$$AC = \sum_{n=1}^{D} a_n = \sum_{i=1}^{D} \sum_{j=i+1}^{D} c_{ij} \cdot (le(path_{ij}) - 1)$$

式中，$le(path_{ij})$ 为路径 $path_{ij}$ 上链接边的数量。

定义四：应急指挥决策实体的工作负载。上面定义的内部协作和直接外部协作构成了应急指挥决策实体在组织协作网中的工作负载，它是直接外部协作量与内部协作量的加权和，记应急指挥决策实体 DM_n 的工作负载为 W_n，W^I 表示内部协作工作负载权值，W^E 为直接外部协作工作负载权值，则 $W_n = W^I \cdot i_n + W^E \cdot e_n$。

此外，为完成对组织决策树的优化设计建模过程，还需要定义以下变量：

x_{ij} 表示组织决策树中决策结点 j 到决策结点 i 的链接关系，如果从

决策结点 j 到决策结点 i 存在链接 l_{ij}，则 $x_{ij}=1$，否则 $x_{ij}=0$；z_{ijk} 表示组织决策树中通过决策结点 k 的从决策结点 j 到决策结点 i 的链接关系，如果决策结点 j 和 i 通过决策结点 k 链接，则 $z_{ijk}=1$，否则 $z_{ijk}=0$。

在组织决策树结构中，由于决策树中结点数与应急指挥决策实体的数量相同，并且链接（边）数量等于结点数减1，故树结点与链接边的数量存在如下的约束关系：

$$\sum_{i,j=1}^{D} = D-1$$

同时，除决策树中根结点外，在组织决策树中任何层次上的决策结点都只有唯一的上层决策结点。可表示为，对决策结点 i，只存在决策结点 j，使得 $x_{ji}=1$，这就意味着，决策树中的任何两个非根结点只有唯一链接，而根结点则没有向上的链接。因此，对于该链接关系而言，存在以下约束：

$$\sum_{j=0}^{D} x_{j0} = 0, \sum_{j=0}^{D} x_{ji} = 1, i=1,2,\cdots,D$$

如果在组织决策树中 l 层上，决策结点 i 上有一条从决策结点 i 到结点 j 的直接链接 x_{ij}，$x_{ij}=1$，则决策结点 j 在 $l+1$ 层上。因此，在该层次上存在如下约束：

$$l_j \geq l_i + 1 + (x_{ij}-1)(D+1) \quad i,j=1,2,\cdots,D$$

显然，当 $x_{ij}=1$ 时，不等式 $l_j \geq l_i+1$ 成立；当 $x_{ij}=0$ 时，不等式 $l_j \geq l_i-D$ 成立。

如决策实体 DM_m 和 DM_n 必须进行协作来完成任务，则它们的协作方式有两种，或者直接链接，或者通过 DM_k 链接，因此有如下约束：

$$x_{ij} + \sum_{k=1}^{D} z_{ijk} \geq dd_{ij} \quad i,j=1,2,\cdots,D$$

如果 $z_{ijk}=1$，则在决策结点 i 和决策结点 k 以及决策结点 j 和决策结点 k 之间存在着链接关系；只有在 $x_{ik}+x_{ki}=1$ 时，在决策结点 i 和决策结点 k 之间存在一条边。而在两个决策结点之间不能存在多于两条的不同方向的链接，这样在变量 x_{ij} 和 z_{ijk} 之间存在以下关系：

$$x_{ik}+x_{ki}+x_{jk}+x_{kj} \geq 2z_{ijk} \quad i,j,k=1,2,\cdots,D$$

对决策实体 DM_n（或对决策树中的结点 n），可将其工作负载表示为：

$$\omega_n \geq W^I \cdot i_n + W^E \cdot \left(e_n + \sum_{i<j} z_{ijn} c_{ij}\right)$$

综上所述，基于对上面组织协作网的分析，我们可以描述由此产生的组织决策树模型[①]：

$$\min W_{\max}\begin{cases} \sum_{i,j=1}^{D} x_{ij} = D-1, \sum_{j=0}^{D} x_{j0} = 0, \sum_{j=0}^{D} x_{ji} = 1 \\ l_j \geqslant l_i + 1 + (x_{ij-1})(D+1) \\ x_{ik} + x_{ki} + x_{jk} + x_{kj} \geqslant 2z_{ijk} \\ x_{ij} + \sum_{k=1}^{D} z_{ijk} \geqslant dd_{ij} \\ W_{\max} = \max_{n=1,2,\cdots,D} W^I \cdot i_n + W^E \cdot (e_n + \sum_{i<j} z_{ijn} c_{ij}) \\ i,j,k,n = 1,2,\cdots,D \end{cases} \quad (5-4)$$

式（5-4）中，$W_{\max}$ 表示应急指挥决策结点的最大工作负载。

在各项约束条件均能得到满足的情况下，我们的优化设计目标是将应急指挥决策结点的最大工作负载最小化，并由此产生应急指挥决策实体之间的协作链接关系。式（5-4）的求解结果能够去除在组织协作网中存在的环，生成根结点不确定的决策实体之间的关系链接，从而生成组织决策树，最终可选择最小工作负载结点作为决策树的根结点。

二、组织决策树的生成算法及其设计优化步骤

式（5-4）的求解是较为典型的二元规划问题，这里我们可以采用图论中的经典算法——Gomory-Hu tree 生成算法。此算法主要是寻找图的最小流割等价树，具有最优解。[②] 因为在 $W^I = W^E = 1$ 的条件下，应急指挥决策结点的内部协作对 Gomory-Hu tree 生成是没有影响的，因此，我们在后面的生成算法中只考虑应急决策结点间的外部协作（包括直接外部协作和附加外部协作）。

在组织决策树中，当决策结点 DM_i 与 DM_j 在组织协作网中进行协

[①] 许友国、阳东升、屈其仁：《联合作战中指挥关系的优化设计方法》，载《军事运筹与系统工程》2012年第1期，第42-47页。

[②] Gomory R E and Hu T C, "Multi-terminal network flows," *Society for Industrial and Applied Mathematics Journals* 9，（1961）：551-570；李明哲、金俊编著：《图论及其算法》，机械工业出版社2010年版。

作，其协作量为 C_{ij}，并且决策结点 DM_i 与 DM_j 之间存在一条链接边，则就是直接协作关系，可以把它加给每个协作决策者，那么在这种情况下，总的协作量就是 $2C_{ij}$；在没有直接协作链接时，协作同时还被加到所有在 DM_i 和 DM_j 之间间接链接路径的所有决策结点 DM 上。若记 l_e 为决策结点 DM_i 与 DM_j 之间的协作链接数量，则其协作量为 $C_{ij}(l_e+1)$。这样，在组织决策树（T）上总的外部协作量就可表示为：

$$com(T) = \sum_{i=1}^{D}\sum_{j=i+1}^{D} c_{ij} \cdot (l_e + 1)$$

将目标函数 $com(T)$ 最小化后就会得到的组织决策树 T，它就是 Gomory-Hu tree，也被称为优化协作树。为解释组织决策树的生成算法，还需定义以下基本概念：

定义五：初始网，表示决策结点 DM_i 与 DM_j 之间的协作量（即链接权重）为 C_{ij} 的组织协作网。

定义六：残留网，用于决策树 T 的中间交换，是算法步骤中对初始网和当前树的处理结果。

圈是初始网的一个结点集，我们可理解为决策树 T 的一个结点。圈合就是两个圈合成一个新的结点集。在初始网中结点 n 与新圈内所有结点链接权重的总和等于新的圈或决策树的新结点与其他任意结点 n 之间的权重。当两个圈进行圈合时，就相当于组成两个圈的两个结点集在初始网中进行了组合，即若圈 $G_1=\{i_1,\cdots,i_k\}$ 和圈 $G_2=\{j_1,\cdots,j_m\}$ 进行圈合，则会得到新的结点为 $G=\{i_1,\cdots,i_k,j_1,\cdots,j_m\}$，并且，对任何初始网中结点 n 在残留网中的链接可表示为：$c_{nG}^{new} = \sum_{v=1}^{k} c_{ni_v} + \sum_{u=1}^{m} c_{nj_u}$。而由两个圈进行圈合所得的新结点也是圈，这样，在残留网中两个圈 G_1 和 G_2 的链接就可表示为：$c_{G_1G_2} = \sum_{v=1}^{k}\sum_{u=1}^{m} c_{i_v j_u}$。

此外，圈扩表示圈内所有初始网的结点以独立的结点进入残留网。对于在结构网中最小协作圈的选择，可定义为使两个集合之间的协作流总量最小化。这样，在组织协作网 G 中，定义结点 n 和 m，同时也定义结点集 S_n 和 S_m，且 $n \in S_n$，$m \in S_m$，$G = S_n \cup S_m$，那么这两个集合之间的协作总量可表示为：$c_G = \sum_{n \in s_n, m \in s_m} c_{nm}$。

基于以上概念，可将决策树的优化算法步骤设计如下：

初始化，即令 $|T|=1$，这样决策树 T 只包含一个圈，而这个圈包含了初始组织结构网中的所有决策结点。

步骤一：在决策树 T 中选择圈 G，该圈要包含初始网中至少一个决策结点，接着从决策树 T 中对这个圈 G 进行分离，这样，决策树 T 就被分割成为多个链接部分。如果决策树 T 中所有的圈都只包含了初始网中的单个决策结点，那么算法终止。

步骤二：把相互链接的部分合成一个圈，并对上面所选择的圈 G 进行圈扩，这样就会得到残留网。

步骤三：在选择的圈中任意选择决策结点 n 和 m，并在残留网中搜索最小切割圈 (S_n, S_m) [(S_n, S_m) 包含了在决策树 T 中合并的圈和初始网中（圈 G）的结点]。

步骤四：创建两个新的圈，即在选择的圈中创建圈 G_1 和 G_2，且有：
$G = G_1 \cup G_2$
$G_1 = \{n \in G | n \in S_n\}$
$G_2 = \{m \in G | m \in S_m\}$

在新创建的圈与决策树 T 中，若其他旧圈之间的链接存在以下两种情形：

（1）如果圈 $n \in S_n$，则圈 n 与圈 G_1 之间是建立链接的。

（2）如果圈 $m \in S_m$，则圈 m 与圈 G_2 之间是建立链接的。

步骤五：如果决策树 T 中所有圈只包含唯一初始网中的结点，那么，对每一个结点总的工作负载进行计算，并将决策树 T 的根结点选为工作负载最小的结点，此时运算停止。该算法流程的图形描述[①]，如图 5-4 所示。

当前，中国基本形成以长三角城市群、珠三角城市群和京津冀城市群为核心的 "15+8" 城市群结构体系，区域发展呈现多极带动的格局。其中，长三角、珠三角和京津冀三大城市群是中国区域经济增长的三大引擎，同时也是府际合作协调关系最为成熟的城市群，主要特征是城市群规模较大、特大城市数量多、城市群整体发展水平高等。下面的案例分析，我们选取的是长三角城市群和珠三角城市群，通过建立组织决策

---

① 阳东升、彭小宏、修保新、刘忠、张维明：《组织协作网与决策树》，载《系统工程与电子技术》2006 年第 1 期，第 63—67 页。

树模型,结合数据分析,分别研究其应急指挥协作关系的优化设计。①

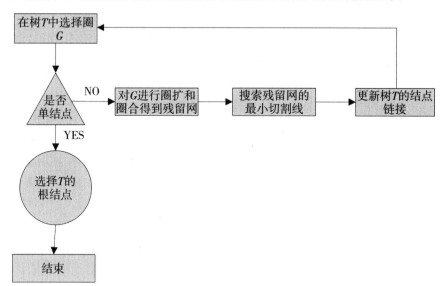

图 5-4 决策生成树算法流程

第四节 案例应用 1:长三角城市群重大公共安全事件应急指挥关系设计

在国家相关政策支持下,经过多年的摸索,长三角区域合作和经济一体化进程得到了显著的推动。与此同时,长三角城市群府际合作也形成了较为健全的协调制度,并设有专职的协调机构,有较为充裕的资金保障。② 常态下的长三角城市群府际合作协调机制已基本建立,但应对重大公共安全事件的跨区域府际应急联动机制尚不健全。③

---

① 郭景涛、佘廉:《基于组织协作网城市群应急指挥关系优化设计——以长三角城市群为例》,载《北京理工大学学报(社会科学版)》2016 年第 1 期,第 115-120 页。
② 赵峰、姜德波:《长三角区域合作机制的经验借鉴与进一步发展思路》,载《中国行政管理》2011 年第 2 期,第 81-84 页。
③ 张良:《长江三角洲区域危机管理与合作治理》,载《人民论坛》2013 年第 32 期,第 82-83 页。

一、长三角城市群的总体概况

（一）长三角城市群的空间范围

长江三角洲城市群的范围为我国东部沿海地区，是我国经济发展水平最高的城市群，同时也是城镇分布最密集、城市化程度最高的地区。[1] 它以上海为整个城市群的中心，南京和杭州为副中心，还包括苏州、无锡、宁波等共计16个城市。土地面积10.99万平方千米，约占全国国土面积的1.14%；2010年年底，人口为8490.7万，约占全国总人口的6.8%；2010年地区生产总值达到70675.32亿元，约占当年国内生产总值的17.62%。[2] 长江三角洲城市群是中国融入经济全球化进程的重要区域，其战略地位在我国整体经济结构中十分重要，[3] 同时，该城市群未来将是我国最主要的人口流入地和最主要的人口聚集区，[4] 由此明确了长三角城市群发展的战略定位。长三角城市群基本情况，如表5-5所示。

表5-5 2010年长三角城市群基本统计数据[5]

名称	指　标				
	土地面积（平方千米）	常住人口（万人）	人口密度（人/平方千米）	地区生产总值（亿元）	经济密度（万元/平方千米）
上海	6340	2302.7	2227.63	17165.98	27075.68
南京	6587	800.8	960.1	5130.65	7789.054

---

[1] 方创琳、姚士谋、刘盛和：《2010中国城市群发展报告》，科学出版社2011年版，第31-32页。

[2] 张学良：《2013中国区域经济发展报告》，人民出版社2013年版，第154-155页。

[3] 顾朝林、张敏、张成：《长江三角洲城市群发展研究》，载《长江流域资源与环境》2006年第6期，第35-41页。

[4] 陆玉麒、董平：《论长江三角洲城市群的功能定位》，载《现代经济探讨》2007年第1期，第15-20页。

[5] 数据来源：根据《中国城市统计年鉴·2011》《中国区域经济统计年鉴·2011》整理。

续表 5-5

名称	指标				
	土地面积（平方千米）	常住人口（万人）	人口密度（人/平方千米）	地区生产总值（亿元）	经济密度（万元/平方千米）
无锡	4627	637.6	1008.34	5793.3	12520.64
常州	4372	459.3	825.25	3044.89	6964.524
苏州	8488	1046.9	751.25	9228.91	10872.89
南通	8001	728.2	953.53	3465.67	4331.546
扬州	6591	446.1	696.59	2229.49	3382.628
镇江	3847	311.5	703.69	1987.64	5166.727
泰州	5787	462.1	872.04	2048.72	3540.211
杭州	16596	870.5	415.23	5949.17	3584.701
宁波	9816	761.1	584.83	5163	5259.78
嘉兴	3915	450.5	872.54	2300.2	5875.351
湖州	5818	289.4	446.85	1301.73	2237.418
绍兴	8279	491.3	530.15	2795.2	3376.253
舟山	1440	112.1	672.01	644.32	4474.444
台州	9411	597.4	619.64	2426.45	2578.313

如前所述，长三角城市群政府行政关系具有跨区域性和行政等级的层次性这两个基本特征，使得城市群地方政府间关系更多地体现出横向的协调关系。这样，在重大公共安全事件应急指挥过程中，实现城市群中城市政府多主体协同就更为复杂。

（二）长三角城市群的空间结构

国内学者对中国城市群的空间结构进行了归纳，这有助于我们进一步研究城市群多主体应急指挥关系的设计。根据城市群的结点个数和空间组织形态，大致可分为四种类型。第一种是三角形组织结构，即主要由三个结点城市组成，如长株潭城市群、呼包鄂城市群等；第二种是四边形组织结构，即主要由四个主结点城市组成，如哈长城市群、滇中城市群等；第三种是五边形组织结构，即结点城市主要由五个组成，如京津冀城市群、山东半岛城市群等；第四种是六边形组织结构，即主结点城市由六个或六个以上城市组成，如珠江三角洲城市群、长江三角洲城市群。① 长三角城市群的外部结构形态呈现出六边形结构的典型特征，是较为高级的空间稳定结构，其构成包括六个或六个以上的主结点城市（见表5-6）。

表5-6 长三角城市群空间结构的构成

城市群名称	城市群中结点城市的名称	结点城市（个）	核心城市（个）	城镇数量	结点结构类型
长三角	上海、南京、无锡、苏州、扬州、镇江、常州、泰州、南通、杭州、宁波、湖州、嘉兴、绍兴、舟山、台州	16	1	972	单核

此外，由表5-7可以看出，长三角城市群城市规模结构的分布特征，基本是呈葫芦状的。长三角城市群规模级别差别明显，城市群城市的首位度较高，上海作为长三角城市群的核心城市，无论是在聚集力，还是在人口规模上，都占有绝对优势，对城市群区域经济和社会发展的带动作用较强。

表5-7 长三角城市群内部等级规模结构②

序号	级别划分（万人）	城市数量（座）	城市名称
1	>1000	1	上海
2	500～1000	7	南京、苏州、南通、泰州、杭州、宁波、台州
3	200～500	7	无锡、常州、镇江、扬州、湖州、嘉兴、绍兴
4	200以下	1	舟山

---

① 方创琳：《中国城市群可持续发展理论与实践》，科学出版社2010年版，第145-147页。
② 数据来源：根据《中国城市统计年鉴·2013》整理。

二、长三角城市群重大公共安全事件应急指挥关系优化设计

(一) 长三角各城市之间协作链接权值赋予

这里通过引入城市间相互作用强度 E 的概念,赋予长三角城市之间协作链接合理的权值[①]:

$$E = \frac{\sqrt{P_1 G_1 \cdot P_2 G_2}}{D^2} \tag{5-5}$$

式中,E 表示两城市间相互作用强度;G_1 表示城市 1 的地区总产值,G_2 表示城市 2 的地区总产值;P_1 为城市 1 的人口数量,P_2 为城市 2 的人口数量,这里用该城市当年的常住人口表示;D 表示两城市之间的距离。故可根据统计数据计算得出长三角城市群各城市间相互作用强度。

表5-8 2010年长三角城市群各城市间相互作用强度[②]

	上海	南京	无锡	常州	苏州	南通	扬州	镇江	泰州	杭州	宁波	嘉兴	湖州	绍兴	舟山
南京	140														
无锡	663	109													
常州	227	142	465												
苏州	1739	135	2270	340											
南通	619	44	195	81	394										
扬州	79	170	66	94	80	55									
镇江	79	232	77	143	89	34	599								
泰州	102	73	104	64	118	96	214	93							
杭州	457	60	102	62	263	55	26	25	22						

[①] 张学良主编:《2013 中国区域经济发展报告:中国城市群的崛起与协调发展》,人民出版社 2013 年版,第 154-155 页。

[②] 张学良主编:《2013 中国区域经济发展报告:中国城市群的崛起与协调发展》,人民出版社 2013 年版,第 156 页,为了便于计算权值,所有数据均经过了四舍五入处理。

续表 5-8

	上海	南京	无锡	常州	苏州	南通	扬州	镇江	泰州	杭州	宁波	嘉兴	湖州	绍兴	舟山
宁波	255	21	51	23	115	31	11	10	13	190					
嘉兴	653	25	129	43	480	54	14	14	18	293	84				
湖州	172	29	53	39	167	25	13	13	9	208	22	77			
绍兴	154	20	39	17	94	22	9	9	9	647	170	80	34		
舟山	20	2	4	2	9	3	1	1	1	12	72	6	2	8	
台州	50	8	12	6	23	8	4	3	4	36	68	12	6	29	5

从表 5-8 中，我们可以进行初步分析，在长三角城市群各城市之间的相互作用强度中，苏州—无锡的 E 值最高，上海—苏州的 E 值排在第二位，然后是上海—无锡的 E 值，第四位是上海—嘉兴的 E 值。两城市间相互作用强度能够表明两城市之间联系的紧密度，这样，依据城市间相互作用强度的高低，我们可以初步将上海、苏州、无锡、嘉兴这四个城市作为应急决策结点城市。此外，根据前面的理论分析，为体现该算法在长三角城市群的适应性，则需要再选出第五个应急决策结点城市。通过对表 5-8 的观察分析，这里选择杭州作为第五个应急决策结点城市，原因是杭州是与嘉兴相互作用强度较高的城市之一，同时也是该城市群中规模较大的城市，因此可更好地检验此应急指挥组织网络的健壮性。我们通过深入的观察和分析，认为城市之间的相互作用强度数值越大，表明两城市间具有相对更高的协作效率，在应急救援行动中就会减少资源的浪费。为了后面模型计算的方便，笔者通过观察表 5-8 的数值特征，具体给出城市间协作链接权值赋予原则：若城市之间的相互作用强度 E 的数值在 0~1000 之间，则将其城市间协作链接权值设定为 3；若城市之间的相互作用强度 E 的数值在 1000~2000 之间，则将其城市间协作链接权值设定为 2；若城市之间的相互作用强度 E 的数值在 2000 以上，则将其城市间协作链接权值设定为 1。这样，我们就可以赋予长三角城市群中五个应急决策结点城市协作链接权值，如表 5-9 所示。

表5-9 长三角城市群应急决策结点城市协作链接权值

应急决策结点城市	E 值	协作链接权值
苏州—无锡	2270	1
苏州—上海	1739	2
上海—无锡	663	3
上海—嘉兴	653	3
嘉兴—杭州	293	3

（二）长三角城市群重大公共安全事件应急指挥关系优化设计

根据前面的理论模型分析，首先要建立长三角城市群五个应急决策结点城市的应急指挥协作交流网，即初始网（见图5-5）。在图5-5中，某个平台的直接外部协作量用 e 来表示；某个平台的间接外部协作量用 a 来表示；应急指挥平台数用 i 来表示。在初始应急指挥协作交流网中，长三角城市群应急指挥平台的内外部总权值并不是最低的状态，也就是说，各城市应急决策结点之间的协作关系不是最好的。因此，这里我们的算法目标是将长三角城市群应急指挥平台的内外部总权值降到最低，这样就会分析出最优的各城市应急决策结点之间的协作关系，从而能够设计出最佳的城市群应急指挥组织结构。

城市群重大公共安全事件发生之后，为有效应对危机事件，需要将应急指挥中心设立在城市群中的各结点城市中，为了后面计算分析的方便，这里将城市应急指挥中心用其所在的城市名称来代表，如上海应急指挥中心简称为上海，其他结点城市应急指挥中均用类似的形式来表示。

根据前面的理论分析，我们假定在长三角城市群某个重大公共安全事件中，上海应急指挥中心（DM_1）承担的应急救援任务是抢险救灾，其配属指挥的应急指挥平台具体有：P_6（防汛抗旱）、P_9（森林防火）、P_{10}（人防工程）、P_{12}（消防）、P_{15}（民政）、P_{16}（军队）；苏州应急指挥中心（DM_2）承担的应急救援任务是应急保障，其配属指挥的应急指挥平台具体有：P_1（电力）、P_2（通信）、P_5（交通）、P_8（安全生产）、P_{19}（财政）；无锡应急指挥中心（DM_3），承担的应急救援任务是预警监测，其配属指挥的应急指挥平台包括：P_{13}（地震）、P_2（气象）；嘉兴应急指挥中心（DM_4），承担的应急救援任务是卫生防疫，其配属指挥的应急指挥平台包括：P_7（卫生防疫）、P_{11}（重大动植物防疫）、P_{18}（新闻宣传）；杭州应急指挥中心（DM_5），承担的应急救援任务是社会安全稳定，其配属指挥的应急指挥平台包括：P_3（公安）、P_4（反恐）、P_{17}（武警）。这样，我们就建立起长三角城市群五个应急决策结点城市的初始应急指挥协作交流网（见图5-5）。

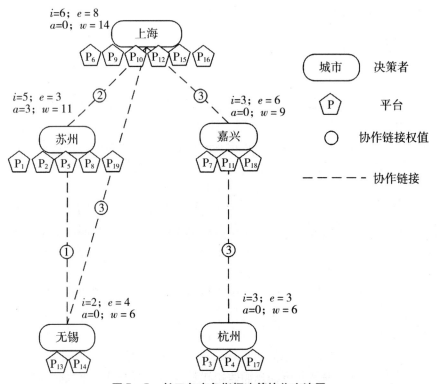

图5-5 长三角应急指挥决策协作交流网

对图5-5所示的长三角城市群五个应急决策结点城市的初始应急指挥协作交流网，我们要用优化协作树生成算法对其进行优化，具体计算过程如图5-6所示。

这里我们以算法的第三次循环过程为例来说明其具体的计算过程：第一步，选择圈 $G=\{$上海，苏州$\}$，然后切断其所有的外部链接；第

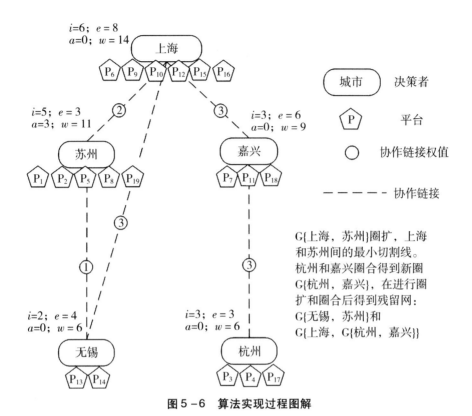

图 5-6 算法实现过程图解

二步,在圈 $G = \{$上海,苏州$\}$ 的所有外部链接断开后,对剩下相互链接的结点城市杭州和嘉兴进行圈合,得到新圈 $G = \{$杭州,嘉兴$\}$;第三步,对圈 $G = \{$上海,苏州$\}$ 实施圈扩,也就是在圈 G 中选择结点上海和苏州,找出其中的最小切割圈线,对其进行分割,这样会得到残留网 $G = \{$无锡,苏州$\}$ 和 $G = \{$上海,$G\{$杭州,嘉兴$\}\}$;第四步,在选择圈 G 中根据最小切割线来构建新圈 $G = \{$苏州$\}$ 和 $G = \{$上海$\}$;第五步,对结点间边的链接关系进行确定,也就是说,若在圈扩前决策树中与 G 链接的结点仅有嘉兴和无锡,这样的话,只有在无锡、嘉兴与 G 的结点关系更新其链接关系。在新圈 $G = \{$无锡,苏州$\}$ 和 $G = \{$上海,$G\{$杭州,嘉兴$\}\}$ 的链接关系得到更新之后,就会建立新的协作交流网。在新的协作交流网中均呈现单结点的圈,这样,新的协作网可视为决策树的结构,第三次循环计算过程就可结束。算法过程实例图解如图 5-7 所示。

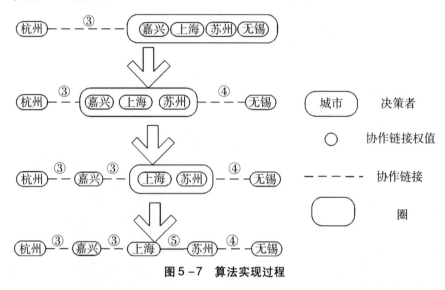

图 5-7 算法实现过程

得到新的长三角城市群应急指挥决策协作树如图 5-8 所示。

对长三角城市群应急指挥初始协作网（见图 5-5）和长三角城市群应急指挥决策协作树（见图 5-8）进行比较观察，可以看出，长三角城市群整体协作链接总权重由最初的 46 降到 37。同时，图 5-8 也显示，无锡成为根结点城市。因此，通过该算法进行设计，实现了将长三角城市群整体协作链接量降至最低的目标，优化了长三角城市群各结点城市的应急指挥关系，从而有助于构建最佳的长三角城市群应急指挥组织结构。

当然，考虑到城市群重大公共安全事件多主体参与的特征，一定会影响资源调动和行动协调的效率。[①] 同时，在多主体应急指挥协同的情境下，常态下的城市群府际协调机制也会对协同效果产生至关重要的影响。

---

① 李敏：《协同治理：城市跨域危机治理的新模式——以长三角为例》，载《当代世界与社会主义》2014 年第 4 期，第 117-124 页。

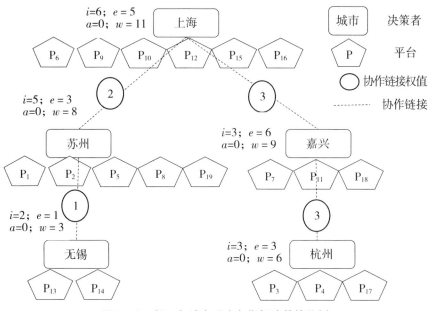

图 5-8 长三角城市群应急指挥决策协作树

第五节 案例应用 2：珠三角城市群重大公共安全事件应急指挥关系设计

一、珠三角城市群的总体概况

（一）珠三角城市群的空间范围

珠江三角洲是珠江在广东中部入海处冲积形成的三角洲，由西江、北江和东江冲积而成的三个小三角洲组成。珠江三角洲旧称粤江平原，又称南粤，以粤文化为主。根据国务院 2010 年 12 月出台的《全国主体功能区规划》做出的说明，该区域主要包括广东省的广州、深圳、东莞、佛山、珠海、中山、江门、肇庆、惠州九个城市。珠三角城市群土地面积 5.75156 万平方千米，占全国国土面积的 0.58%。2010 年年底，人口为 3024.6 万，占全国总人口的 2.42%。2010 年地区生产总值达到 401202 亿元，占当年国内生产总值的 9.39%。

表 5-10 2010 年珠三角城市群基本统计数据①

名称	指标				
	土地面积（平方千米）	常住人口（万人）	人口密度（人/平方千米）	地区生产总值（亿元）	经济密度（万元/平方千米）
深圳	1992	1037.2	5206.83	9581.51	48099.95
广州	7434	1271	1709.71	10748.28	14458.27
珠海	1711	156.2	912.92	1208.6	7063.705
佛山	3798	719.9	1895.47	5651.52	14880.25
江门	9568	445.1	456.20	1570.42	1641.325
肇庆	15464	392.2	253.62	1085.87	702.1922
惠州	11343	460.1	405.62	1729.95	1525.126
东莞	2460	822.5	3343.50	4246.45	17261.99
中山	1800	312.3	1735.00	1850.65	10281.39

（二）珠三角城市群的空间结构

根据城市群的空间组织形态和结点个数可知，珠三角城市群为六边形结构，为高级空间稳定性结构形态（见表 5-11）。

表 5-11 珠三角城市群空间结构的构成

城市群名称	城市群中的结点城市名称	结点城市（个）	核心城市（个）	城镇数量	结点结构类型
珠三角	广州、深圳、珠海、佛山、东莞、肇庆、江门、中山、惠州	9	22	322	双核

---

① 资料来源：《中国城市统计年鉴·2011》《中国区域经济统计年鉴·2011》。

由表 5-12 可以看出，珠三角城市群人口规模呈现多样化的特点，在 9 个城市中，既有人口超过 1000 万的大城市广州和深圳，也有人口在 200 万以下的小城市珠海。珠江三角洲城市群人口达到 200 万～500 万的中等规模城市有 4 个。城市群规模等级差别较为明显，首位城市的地位突出，广州和深圳作为核心城市，带动了整个城市群的发展，对周边小城镇发挥着辐射作用。

表 5-12　珠三角城市群内部等级规模结构①

序号	级别划分（万人）	城市数量（座）	城市名称
1	>1000	2	广州、深圳
2	500～1000	2	佛山、东莞
3	200～500	4	江门、肇庆、惠州、中山
4	200 以下	1	珠海

二、珠三角城市群重大公共安全事件应急指挥关系优化设计

（一）珠三角城市之间协作链接权值赋予

同样，我们可以通过式（5-5）及统计数据计算得出珠三角城市群各城市间相互作用强度，具体如表 5-13 所示。

表 5-13　2010 年珠三角城市群各城市间相互作用强度②

	深圳	广州	珠海	佛山	江门	肇庆	惠州	东莞
广州	630							
珠海	57	95						
佛山	315	6086	60					
江门	119	349	46	356				

---

① 资料来源：根据《中国城市统计年鉴·2013》整理。
② 张学良主编：《2013 中国区域经济发展报告：中国城市群的崛起与协调发展》，人民出版社 2013 年版，第 184 页。为了便于计算权值，所有数据经过了四舍五入处理。

续表 5-13

	深圳	广州	珠海	佛山	江门	肇庆	惠州	东莞
肇庆	36	192	7	115	40			
惠州	332	164	10	63	21	9		
东莞	1059	1625	51	442	107	43	192	
中山	151	353	133	230	237	19	26	152

由表 5-13 可以看出，珠三角城市群各城市间相互作用强度最高的是广州—佛山，一是因为两城市间的距离很短，二是因为广州与佛山分别是广东省的第一大和第二大城市；第二位是广州—东莞，第三位是深圳—东莞，第四位是广州—深圳。

这样，依据城市间相互作用强度的高低，我们可以初步将广州、深圳、东莞、佛山这四个城市作为应急决策结点城市。此外，根据前面的理论分析，为体现该算法在珠三角城市群的适应性，需要再选出第五个应急决策结点城市，通过对表 5-13 的观察分析，这里选择江门作为第五个应急决策结点城市，以便更好地检验此应急指挥组织网络的健壮性。为了后面模型计算的方便，通过观察表 5-13 的数值特征，根据前面对城市协作链接权值赋予的原则，我们可以赋予珠三角城市群中五个应急决策结点城市协作链接权值（见表 5-14）。

表 5-14　珠三角应急决策结点城市协作链接权值

应急决策结点城市	E 值	协作链接权值
广州—佛山	6086	1
广州—东莞	1625	2
深圳—东莞	1059	2
广州—深圳	630	3
佛山—东莞	442	3
江门—佛山	356	3
江门—广州	349	3

（二）珠三角城市群重大公共安全事件应急指挥关系优化设计

根据前面的理论模型分析，首先要建立珠三角城市群五个应急决策结点城市的应急指挥协作交流网,即初始网(见图5-9)。同样,在初始应急指挥协作交流网中,珠三角城市群应急指挥平台的内外部总权值并不是最低的状态,也就是说,各城市应急决策结点之间的协作关系不是最好的。因此,这里我们的算法目标是将珠三角城市群应急指挥平台的内外部总权值降到最低,这样就会分析出最优的各城市应急决策结点之间的协作关系,从而设计出最佳的城市群应急指挥组织结构。

根据前面的理论分析,我们假定在珠三角城市群某个重大公共安全事件中,同样地,建立五个应急决策结点城市,包括广州应急指挥中心(DM_1)、深圳应急指挥中心(DM_2)、佛山应急指挥中心(DM_3)、东莞应急指挥中心(DM_4)、江门应急指挥中心(DM_5)。这样,我们就建立起珠三角城市群五个应急决策结点城市的初始应急指挥协作交流网(见图5-9)。

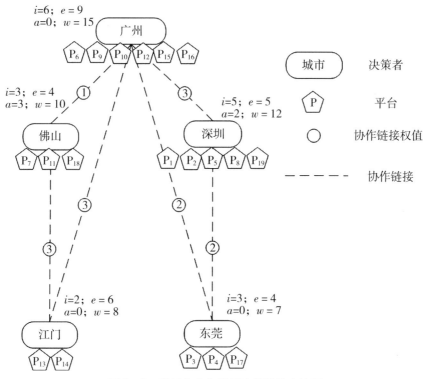

图5-9 珠三角应急指挥决策协作交流网

对图 5-9 所示的珠三角城市群五个应急决策结点城市的初始应急指挥协作交流网，我们要用优化协作树生成算法对其进行优化，具体计算过程如图 5-10 所示。

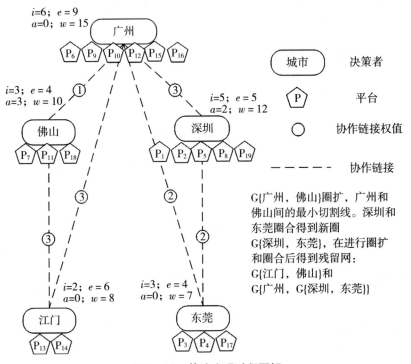

图 5-10 算法实现过程图解

算法的实现过程与前面类似，具体计算过程图解如图 5-11 所示。

得到新的珠三角城市群应急指挥决策协作树（见图 5-12）。

对珠三角城市群应急指挥初始协作网（见图 5-9）和珠三角城市群应急指挥决策协作树（见图 5-12）进行比较观察，可以看出，珠三角城市群整体协作链接总权重由最初的 52 降到 35，江门成为根结点城市。因此，通过该算法设计，实现了将珠三角城市群整体协作链接量降至最低的目标，优化了珠三角城市群各结点城市的应急指挥关系，从而有助于构建最佳的珠三角城市群应急指挥组织结构。

同样，珠三角城市群通过签订《珠三角地区应急管理合作协议》等区域应急协议，积极推动多领域应急联动、开展区域联合应急演练、

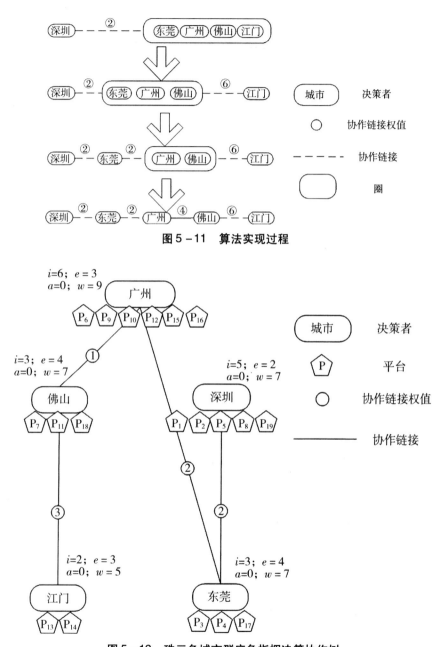

图 5-11 算法实现过程

图 5-12 珠三角城市群应急指挥决策协作树

制定应急联动预案等多种形式的实践探索,表明了珠三角城市群内各城市政府在应急管理协作方面做出的种种努力。[①] 然而,珠三角城市群应急联动仍然面临着应急联动组织架构不健全,受制于传统的行政体制等困境,这些都会影响城市群重大公共安全事件应急指挥协同的效果。

本章小结

本章首先说明了城市群应急指挥组织协作网设计的基本理论,描述了城市群应急指挥组织决策树模型,其次通过对城市群应急指挥组织内的间接外部协作和指控组织总的工作负载概念进行界定,对城市群应急指挥组织决策树的设计给出了数学描述。利用 Gomory-Hu tree 生成算法对城市群应急指挥组织决策树进行求解,分析了算法在解决决策树生成问题上的复杂性与计算结果。在案例分析部分,首先以长三角城市群为例,搜集统计数据,应用数学模型和算法对长三角城市群各城市应急指挥中心之间的协作关系进行了优化分析;然后以同样的模型和算法对珠三角城市群重大公共安全事件应急指挥关系进行了优化分析。这种应急指挥关系的优化分析是设计城市群应急指挥组织结构的关键。

此外,该模型和算法还具有非常重要的推广意义,即根据城市群重大公共安全事件的具体情况,只要有城市群中各城市之间的协作链接权值,有应急指挥决策实体和应急指挥平台的配置,我们就能按该模型和算法分析城市群重大公共安全事件应急指挥关系,从而构建最佳的应急指挥组织结构。

---

① 马汶青:《区域城市群应急联动机制建设探析——基于珠三角城市群的思考》,硕士学位论文,广州大学,2012。

总结与展望

近年来,我国一系列重大公共安全事件带来的灾难性后果已使整个社会为之震惊。与此同时,中国政府已把城市群作为国家发展的重大战略,城市群将成为未来中国城市化发展的主要形态。城市群的快速发展使得其面临的风险因素更加复杂多变。重大公共安全事件发生之后,单个城市的应急资源、应急能力都是有限的,所以实现城际应急资源的联动与共享就显得非常重要。

一、主要研究结论

本研究的目标是实现城市群重大公共安全事件的应急指挥协同,选取应急指挥组织结构作为突破口,对城市群的重大公共安全事件应急指挥关系进行了优化设计,从而实现城市群各结点城市之间的有效协作,构建最佳的城市群重大公共安全事件应急指挥组织结构。

(1)对比重大突发事件、重大危机事件、非常规突发事件、城市重大突发事件等概念,在比较分析的基础上对城市群重大公共安全事件的基本概念进行了界定,分析了城市群重大公共安全事件具有的特征,进一步厘清了城市群重大公共安全事件应急指挥的本质与特征,并指出重大公共安全事件应急指挥基本要素主要由应急指挥者、应急指挥手段、应急指挥对象和应急指挥信息构成。这为下一步的研究提出了逻辑前提和方法论原则。

(2)城市群重大公共安全事件发生后,政府须及时设立应急总指挥部、现场应急指挥部或应急指挥中心等指挥机关,包括应急指挥部成员的选择、组织结构的安排等,从而涉及应急指挥方式、指挥关系、责权分配等问题。城市群重大公共安全事件应急指挥组织框架包括城市群重大公共安全应急指挥系统、城市群重大公共安全应急指挥体系。由此可知,城市群重大公共安全事件应急指挥属于多主体、多部门参与的指挥行动。在此基础上,分析城市群重大公共安全应急指挥的实现路径,并以2008年汶川地震为城市群重大公共安全事件典型案例,分析其应急指挥体系的建立及其运转。

（3）界定了城市群重大公共安全事件应急指挥协同的概念和特征，进一步指出信息共享、知识共享和态势共享是实现应急指挥协同的条件，协同对象、协同结构、协同目标、协同手段和协同决策是应急指挥协同的构成要素。在此基础上，分析应急指挥协同的三种模式，即纵向基于权威的集中式应急指挥协同模式、横向基于协商的分散式应急指挥协同模式和基于网络的分布式应急指挥协同模式；分析了城市群重大公共安全事件应急指挥的三种协同模式，即"主导—参与""支援—协作"和"平行—协作"；并进一步提出我们在考虑构建城市群应急指挥组织体系时，应在现有应急管理体制的基础上，综合运用上述三种协同模式，从而最大限度地实现应急指挥协同目标。

（4）说明了城市群应急指挥组织协作网设计的基本理论，首先描述了城市群应急指挥组织决策树模型，其次通过对城市群应急指挥组织内的间接外部协作和指控组织总的工作负载概念的界定，由此对城市群应急指挥组织决策树的设计给出了数学描述，最后利用 Gomory-Hu tree 生成算法对城市群应急指挥组织决策树进行求解，分析了算法在解决决策树生成问题上的复杂性与计算结果。

（5）在案例分析部分，首先，以长三角城市群为例，搜集统计数据，应用该数学模型和算法过程对长三角城市群各城市应急指挥中心之间的协作关系进行了优化分析；其次，以同样的模型和算法对珠三角城市群重大公共安全事件应急指挥关系进行了优化分析。因此，这种应急指挥关系的优化分析是设计城市群应急指挥组织结构的关键。

二、主要创新点

在前人研究的基础上，力图揭示城市群重大公共安全事件应急指挥协同结构，并利用数学模型优化设计协作关系，实现应急指挥协同目标。概言之，本研究的创新之处主要有以下六个方面。

（1）对本研究涉及的关键核心概念、特征进行了明确界定，包括城市群重大公共安全事件、城市群重大公共安全事件应急指挥和城市群重大公共安全事件应急指挥协同，并能形成完整的概念体系。

（2）构建了城市群重大公共安全事件应急指挥组织框架，包括城市群重大公共安全应急指挥系统、城市群重大公共安全应急指挥体系，并进一步分析了其实现路径。

（3）分析了城市群重大公共安全事件应急指挥协同的三种模式，即纵向基于权威的集中式应急指挥协同模式、横向基于协商的分散式应急指挥协同模式和基于网络的分布式应急指挥协同模式。

（4）利用城市群重大公共安全事件应急指挥组织的分层描述与设计方法，对城市群应急指挥组织决策树的设计给出了数学描述。利用Gomory-Hu tree 生成算法对城市群应急指挥组织决策树进行求解，分析了算法在解决决策树生成问题上的复杂性与计算结果。

（5）搜集统计数据，利用该模型和算法进行了实证研究。在案例分析部分，首先，以长三角城市群为例，搜集统计数据，应用该数学模型和算法过程对长三角城市群各城市应急指挥中心之间的协作关系进行了优化分析；其次，以同样的模型和算法对珠三角城市群重大公共安全事件应急指挥关系进行了优化分析。

（6）该模型和算法还具有非常重要的推广意义，即根据城市群重大公共安全事件的具体情况，只要城市群中各城市之间的协作有链接权值，有对应急指挥决策实体和应急指挥平台的配置，我们就能按该模型和算法分析城市群重大公共安全事件应急指挥关系，从而能够构建最佳的应急指挥组织结构。

三、研究的局限性与下一步研究计划

本研究在以上六个方面虽然具有一定程度的创新，但由于笔者的研究能力与认识的局限，因此还存在一些不足之处，主要包括三个方面：一是对于城市群重大公共安全事件应急指挥组织的描述与测度问题还不够深入和细致。二是应急指挥组织协同的度量问题。现有的研究主要考虑应急指挥组织协同的结构、机制、协作模型，而对影响协同效果的其他因素缺乏深入的研究。三是没有进一步探讨城市群重大公共安全事件应急指挥组织协作与效能的关系。组织协作在很大程度上影响组织的效能，是组织设计的重要参数之一。组织协作与效能关系确定了组织协作对组织效能的影响关系和影响程度。

根据以上的局限与不足，笔者下一步的研究将侧重于以下三个方面：①采用定性与定量相结合的方法，研究城市群重大公共安全事件应急指挥组织的描述与测度问题。②了解协同、指挥、控制以及完成任务之间的关系，深入分析应急指挥通信、应急指挥员决策、协同时间、应急指挥员的认知水平等因素对于应急指挥协同的影响，从而能更好地度量应急指挥协同问题。③进一步探讨城市群重大公共安全事件应急指挥组织协作与效能的关系。

参考文献

一、外文

[1] Adams E H, Scanlon E, Callahan J J, et al. Utilization of an Incident Command System for a Public Health Threat: West Nile Virus in Nassau County, New York, 2008 [J]. Journal of Public Health Management and Practice, 2010, 16 (4): 309 – 315.

[2] Anderson A I, Compton D, Mason T. Managing in a Dangerous World—The National Incident Management System [J]. Engineering Management Journal, 2004, 16 (4): 3 – 9.

[3] Annelli J F. The National Incident Management System: a Multi-Agency Approach to Emergency Response in the United States of America, Revue Scientifique ET Technique, 2006, 25 (1): 223 – 231.

[4] Bialas W F, Karwan M N. On Two-level Optimization [J]. IEEE Transactions on Automatic Control, 1982, 27 (1): 211 – 214.

[5] Bigley G A, Roberts KH. The Incident Command System: High-reliability Organizing For Complex And Volatile [J]. Academy of Management Journal, 2001, 44 (6): 1281 – 1299.

[6] Bode A H, Gasser L. Readings of Distributed Artificial Intelligence [M]. San Francisco: Morgan Kaufmann Publishers, 1998.

[7] Boettcher K L, Levis A H. Modeling the Interacting Decisionmaker with Bounded Rationality [J]. IEEE Transactions on Systems, Man and Cybernetics, 1982, 12 (3): 334 – 344.

[8] Bracken J, McGill J T. Mathematical Programs with Optimization Problems in the Constraints [J]. Operation Research, 1973, 21 (1): 37 – 44.

[9] Brake G M T, Kleij R V D, Cornelissen M. Distributed Mobile Teams: Effects of Connectivity and Map Orientation on Teamwork [C] //Proceedings of the 5th International ISCRAM Conference-Washington D C, USA, 2008.

[10] Brayson J M, Crosby B C, Stone M M. The Design and Implementation of Cross-Sector Collaborations: Propositions from the Literature [J]. Public Administration Review, 2006, 66 (S1) 44 - 55.

[11] Buck D A, Trainor JE, Aguirre BE. A Critical Evaluation of the Incident Command System and NIMS [J]. Journal of Homeland Security and Emergency Management, 2006, 3 (3): 1 - 22.

[12] California Fire Service Field Operation Guide—ICS 420 - 1, January, 2001.

[13] Candler W, Norton R. Multilevel Programming [R]. Technical Report 20, World Bank Development Research Center, Washington D C, 1977.

[14] Carley K M, Lin Z. Organizational Design Suited to High Performance under Stress [J]. IEEE Transactions on Systems, Man and Cybernetics, 1995 (25): 221 - 230.

[15] Chen R, Sharman R, Rao H, et al. Coordination in Emergency Response Management [J]. Communications of the ACM, 2008, 51 (5): 66 - 73.

[16] Center A D R. Glossary on Natural Disasters [R], 2003.

[17] Comfort L K. Turning Conflict into Co-operation: Organizational Designs for Community Response in Disasters [J]. International Journal of Mental Health, 1990, 19 (1): 89 - 108.

[18] Comfort L K. Coordination in Rapidly Evolving Disaster Response Systems: The Role of Information [J]. American Behavioral Scientist, 2004, 48 (3): 295 - 313.

[19] Comfort L K, Sungu Y, Johnson D, et al. Complex Systems in Crisis: Anticipation and Resilience in Dynamic Environments [J]. Journal of Contingencies and Crisis Management, 2001, 9 (3): 144 - 158.

[20] Craig C. A World of Emergencies: Fear, Intervention, and the Limits

of Cosmopolitan Order [J]. The Canadian Review of Sociology and Anthropology, 2004, 41 (4): 373 - 395.

[21] Crichton MT, Ramsay CG and Kelly T. Enhancing Organizational Resilience Through Emergency Planning: Learnings from Cross-Sectoral Lessons [J]. Journal of Contingencies and Crisis Management, 2009, 17 (1).

[22] Currier M, King D S, Wofford M R, et al. A Katrina Experience: Lessons Learned [J]. American Journal of Medicine, 2006, 119 (11): 986 - 992.

[23] Daniels R J, Trebilcock M J. Rationales and Instruments for Government Intervention in Natural Disasters [J]. University of Pennsylvania, 2011.

[24] Devitt K R, Borodzicz E P. Interwoven Leadership: The Missing Link in Multi-agency Major Incident Response [J]. Journal of Contingencies and Crisis Management, 2008, 16 (4): 208 - 216.

[25] Drabek E, Managing Multiorganizational Emergency Responses: Emergent Search and Rescue Networks in Natural Disaster and Remote Area Settings [M]. Boulder: Institute of Behavioral Science, University of Colorado, 1981.

[26] Dyer J S, Fishburn P C, Steuer R E, et al. Multiple Criteria Decision Making, Multiattribute Utility Theory: The Next Ten Years [J]. Management Science, 1992, 38 (5): 645 - 654.

[27] Entin E E, Diedrich F J, Kleinman D L, et al. When Do Organizations Need to Change (Part II)? Incongruence in Action [J]. Faculty Publications, 2003.

[28] Erick S and Dan H. Crisis Management in a Transitional Society: The Latvian Experience [R]. Crismart: A Publication of the Crisis Management Europe Research Program, 2000.

[29] Farazmand A. Learning from the Katrina Crisis: A Global and International Perspective with Implications for Future Crisis Management [J]. Public Administration Review, 2007, 67: 149 - 159.

[30] Gomory R, Hu T. Multi-Terminal Network Flows [J]. Society for In-

dustrial and Applied Mathematics Journals, 1961 (9): 551 –570.
[31] Herman F C. International Crisis: Insights from Behavioral Research [M]. New York: Free Press, 1972.
[32] Hollenbeck J R, Moon H, Ellis A P J, et al. Structural Contingency Theory and Individual Differences: Examination of External and Internal Person-team Fit [J]. Journal of Applied Psychology, 2002, 87 (3): 599 –606.
[33] Hu T C. Combinatorial Algorithms [M]. Reading, Cambridge: MIT Press, 1981.
[34] Jaynes E T. Information Theory and Statistical Mechanics [J]. Phys. Rev., 1957, 106 (4): 620 –630.
[35] Jennings N R. Controlling Cooperative Problem-Solving in Industrial Multiagent Systems Using Joint Intentions [J]. Artificial Intelligence. 1995, 75 (2): 195 –240.
[36] Monguillet, JM, Levis AH, et al. Modeling and Evaluation of Variable Structure Command and Control Organizations [J]. Toward A Science of Command Control & Communications Washington D C American Institute of Aeronautics & Astronautics, 1988, 291 (2): 466 –471.
[37] Kapucu N. Collaborative Emergency Management: Better Community Organising, Better Public Preparedness and Response [J]. Disasters, 2008, 32 (2): 239 –262.
[38] Keller A Z, Meniconi M, Al-shammari I, et al. Analysis of Fatality, Injury, Evacuation and Cost Data Using the Bradford Disaster Scale [J]. Disaster Prevention and Management, 1997, 6 (1): 3 –42.
[39] Kemple W G, Kleinman D L, Berigan M C. A2C2 Initial Experiment: Adaptation of the Joint Scenario and Formalization [C] //Proceedings of the 1996 Command and Technology Symposium, Monterey, CA, 1996 (6): 837 –846.
[40] Kjeldsen S. Training Impact Assessment of the United Nations Civil-Military Coordination Course [R], 2006.
[41] Kraus S and Lehmann D. Designing and Building a Negotiating Automated Agent. Computational Intelligence [J]. 1995, 11 (1): 132 –171.

[42] Kraus S. Automated Negotiation and Decision Making in Multiagent Environments [M] // Multi-Agent Systems and Applications. Springer Berlin Heidelberg, 2001.

[43] Lalonde C. The Potential Contribution of the Field of Organizational Development to Crisis Management [J]. Journal of Contingencies and Crisis Management, 2007, 15 (2): 95 – 104.

[44] Levchuk G M, Kleinman D L, Ruan S, et al. Congruence of Human Organizations and Missions: Theory Versus Data [J]. Proceedings of the International Command & Control Research & Technology Symposium, 2003.

[45] Levchuk Y N, Pattipati K R, Kleinman D L. Analytic Model Driven Organizational Design and Experimentation in Adaptive Command and Control [J]. Systems Engineering, 1999 (2): 89 – 97.

[46] Marincioni F. Information Technologies and the Sharing of Disaster Knowledge: The Critical Role of Professional Culture [J]. Disasters, 2008, 31 (4): 459 – 476.

[47] Mcentire D A. Coordinating Multi-Organisational Responses to Disaster: Lessons from the March 28, 2000, Fort Worth Tornado [J]. Disaster Prevention and Management, 2002, 11 (5): 369 – 379.

[48] Mendonça D, Jefferson T, Harrald J R. Collaborative Adhocracies and Mix-and-match Technologies in Emergency Management [J]. Communications of the ACM, 2008, 50 (3): 44 – 49.

[49] McGuire M, Silvia C. The Effect of Problem Severity, Managerial and Organizational Capacity, and Agency Structure on Intergovernmental Collaboration: Evidence from Local Emergency Management [J]. Public Administration Review, 2010, 70 (2): 279 – 288.

[50] National Incident Management System, 2007.

[51] NIMS Basic the Incident Command System, FEMA 501 – 8, 2006.

[52] Parker D. The Mismanagement of Hazards-Hazard Management and Emergency planning [M]. Perspective on Britain, London: James & James, 1992.

[53] Pearsall M J. The Effects of Critical Team Member Assertiveness on

Team Performance and Satisfaction [J]. Journal of Management, 2006, 32 (4): 575-594.

[54] Pennings J M. Structural Contingency Theory: A reappraisal [J]. Research in Organizational Behavior, 1992 (14): 267-309.

[55] Peter Salama, Paul Spiegel, et al. Lessons learned from Complex Emergencies over Past Decade [J]. The Lancet, 2004, 1801-1813.

[56] Quarantelli E L. Disaster Crisis Management: A Summary of Research Findings [J]. Journal of Management Studies, 1988, 25 (4): 373-385.

[57] Quarantelli E L. Social and Organisational Problems in a Major Community Emergency [J]. The Australasian Nurses Journal, 1982, 11 (9): 18-20.

[58] Remy P A, Levis A H, Jin Y Y. On the Design of Distributed Organizational Structures [J]. Automatica, 1988, 24 (1): 81-86.

[59] Remy P A, Levis A H. On the Generation of Organizational Architectures Using Petri Nets [C] // European Workshop on Advances in Petri Nets. DBLP, 1986.

[60] Roberts B K H. The Incident Command System: High-Reliability Organizing for Complex and Volatile Task Environments [J]. The Academy of Management Journal, 2001, 44 (6): 1281-1299.

[61] Robinson S E. The Development of Collaboration of Response to Hurricane Katrina in the Dallas Area [J]. Public Works Management and Policy, 2006, 10 (4): 315-327.

[62] Rosenthal U, Michael T C. Coping with Crises: The Management of Disasters, Riots and Terrorism [M]. Springfield: Charles C. Thomas, 1989.

[63] Rosenschein J S, Zlotkin G. Designing Conventions for Automated Negotiation [M] // Readings in Agents. Morgan Kaufmann Publishers Inc. 1997.

[64] Sandholm T W and Lesser V R. Coalitions among Computationally Bounded Agents [J]. Artificial Intelligence, 1997, 94 (1-2): 99-137.

[65] Sandholm T. Agents in Electronic Commerce: Component Technolo-

gies for Automated Negotiation and Coalition Formation [J]. Autonomous Agents and Multi-Agent Systems, 2000, 3 (1): 73 – 96.

[66] Shaluf I M, Ahmadun F I R. Disaster types in Malaysia: an Overview [J]. Disaster Prevention and Management, 2006, 15 (2): 286 – 298.

[67] Shaluf I M. Disaster Types [J]. Disaster Prevention and Management, 2007, 16 (5): 704 – 717.

[68] Shannon C E. A Mathematical Theory of Communication [J]. The Bell System Technical Journal, 1948, 27: 379 – 659.

[69] Spurr K, et al. Computer Support for Cooperative Work: CSCW Introduction [M]. Manhattan: John Wiley& Sons Ltd., 1994: 553 – 554.

[70] Smith R. Software Agent Technology [J]. British Telecommunications Engineering, 1996 (15): 59 – 65.

[71] Stambler K S, Barbera J A. Engineering the Incident Command and Multiagency Coordination Systems [J]. Nephron Clinical Practice, 2011, 8 (1).

[72] Sycara K P. Multi-agent Infrastructure, Agent Discovery, Middle Agents for Web Services and Interoperation [C] //Multi-Agent Systems and Applications, 9th ECCAI Advanced Course ACAI 2001 and Agent Link's 3rd European Agent Systems Summer School, EASSS 2001, Prague, Czech Republic, 2001, Selected Tutorial Papers. DBLP, 2001.

[73] Taylor C. Modern social imaginaries [J]. Public Culture. 2002, 14 (1): 91 – 123.

[74] Parsons D. Emergency Management: Principles and Practice for Local Government [J]. Australian Journal of Emergency Management, 2008.

[75] Drabek T E. Managing in Emergency Response [J]. Public Administration Review, 1985, 45: 85 – 92.

[76] Tufekci S, Wallace W A. The Emerging Area of Emergency Management and Engineering [J]. IEEE Transactions on Engineering Management, 1998, 45 (2): 103 – 105.

[77] Turner B A, Pedgeon N F. Man-Made Disasters [M]. 2nd ed, Oxford: Butterworth-Heinemann, 1997.

[78] Waugh, Building a Seamless Homeland Security: The Cultural Interoperability Problem [J]. Paper Presented at the National Conference of the American Society for Public Administration, 2003, March 28 - 30, Portland.

二、中文（含译著）

（一）著作

[1] 安德鲁·坎贝尔，凯瑟琳·萨姆斯·卢克斯. 战略协同 [M]. 2版. 任通海，等，译. 北京：机械工业出版社，2003.
[2] 卜先锦. 军事组织协同的建模与分析 [M]. 北京：国防工业出版社，2009.
[3] 方创琳. 中国城市群可持续发展理论与实践 [M]. 北京：科学出版社，2010.
[4] 方创琳，姚士谋，刘盛和. 2010中国城市群发展报告 [M]. 北京：科学出版社，2011.
[5] H. 法约尔. 工业管理与一般管理 [M]. 周安华，林宗锦，展学仲，张玉琪，译. 北京：中国社会科学出版社，1982.
[6] H. 哈肯. 协同学：自然成功的奥秘 [M]. 戴鸣钟，译. 上海：上海科学普及出版社，1988：15-30.
[7] H. 哈肯. 协同学引论：物理学、化学和生物学中的非平衡相变和自组织 [M]. 徐锡申，陈式刚，陈雅深，等，译. 北京：原子能出版社，1984.
[8] 罗伯特·希斯. 危机管理 [M]，王成，等，译. 北京：中信出版社，2001.
[9] 潘开灵，白列湖. 管理协同理论及其应用研究 [M]. 北京：经济管理出版社，2005.
[10] 赵成根. 国外大城市危机管理模式研究 [M]. 北京：北京大学出版社，2006.
[11] 张学良. 2013中国区域经济发展报告 [M]. 北京：人民出版社，2013.

[12] 宋劲松. 突发事件应急指挥［M］. 北京：中国经济出版社，2011.

[13] 中国人民解放军军语［M］. 北京：军事科学出版社，1997.

（二）期刊、论文

[14] 卜先锦，战希臣，刘晓春. 两种群决策模式对决策效果的影响［J］. 海军航空工程学院学报，2008（1）：681－685.

[15] 陈彪，绍泽义，蒋华林. 试论区域联动机制的建立：立基重大灾害与风险视阈［J］. 电子科技大学学报（社科版），2008（6）：6－9.

[16] 程玥，马庆钰. 构建全系指挥与协同应急新模式［J］. 中国行政管理，2011（5）：62－65.

[17] 董瑞华. 上海市政府应急机制和管理结构研究［J］. 上海行政学院学报，2005（3）：33－42.

[18] 冯绍奎. 日本大地震的政治、经济影响分析［J］. 当代世界，2011（4）：17－20.

[19] 符礼勇，孙多勇. 城市群公共危机：中国城市化发展中的潜在危机［J］. 社科纵横，2008（11）：62－63.

[20] 范维澄. 国家突发公共事件应急管理中科学问题的思考和建议［J］. 中国科学基金，2007（2）：71－76.

[21] 范维澄. 城市公共安全与应急管理的思考［J］. 城市管理前沿，2008（5）：32－34.

[22] 范远谋，万鹏飞，于秀明. 北京市突发事件应急管理体制研究［J］. 2005课题调研成果汇编，2005：285－435.

[23] 冯珊. 作为人机联合认知系统的智能决策支持系统［J］. 华中理工大学学报，1993（3）：1－6.

[24] 葛春景，王霞，关贤军. 应对城市重大安全事件的应急资源联动研究［J］. 中国安全科学学报，2010（3）：166－171.

[25] 顾林生. 日本大城市防灾应急管理体系及其政府能力建设［J］. 城市减灾，2004（6）：4－9.

[26] 顾朝林，张敏，张成. 长江三角洲城市群发展研究. 长江流域资源与环境，2006，15（6）：35－41.

[27] 郭景涛，佘廉. 基于组织协作网城市群应急指挥关系优化设计：

以长三角城市群为例［J］. 北京理工大学学报（社会科学版），2016（1）：115 - 120.

［28］郭景涛, 佘廉. 城市群重大公共安全事件应急指挥协同关系研究［J］. 内蒙古社会科学, 2016（2）：16 - 21.

［29］郭雪松, 朱正威. 跨域危机整体性治理中的组织协调问题研究：基于组织间网络视角［J］. 公共管理学报, 2011,（4）：50 - 60.

［30］黄席樾, 刘卫红, 等. 基于 Agent 的人机协同机制与人的作用［J］. 重庆大学学报, 2002（9）：32 - 35.

［31］韩智勇, 翁文国, 张维, 杨列勋. 重大研究计划"非常规突发事件应急管理研究"的科学背景、目标与组织管理［J］. 中国科学基金, 2009（4）：215 - 220.

［32］贾学琼, 高恩新. 应急管理多元参与的动力与协调机制［J］. 中国行政管理, 2011（1）：70 - 73.

［33］金磊. 美国城市公共安全应急体系建设方法研究［J］. 城市管理与科技, 2006（6）：273 - 276.

［34］李湖生. 重大危机事件应急关键科学问题及其研究进展［J］. 中国安全生产科学技术, 2008（5）：13 - 18.

［35］李程伟, 张德耀. 大城市突发事件管理：对京沪穗邕应急模式的分析［J］. 国家行政学院学报, 2005（3）：48 - 51.

［36］李敏. 协同治理：城市跨域危机治理的新模式：以长三角为例［J］. 当代世界与社会主义, 2014（4）：117 - 124.

［37］李强, 陈宇琳. 城市群背景下社会风险综合分析框架初探［J］. 广东社会科学, 2012（2）：190 - 200.

［38］刘金琨, 王树青. 基于 Agent 技术的人机智能决策支持系统研究［J］. 系统工程理论与实践, 2000（2）：15 - 20.

［39］刘铁民. 重大事故应急指挥系统（ICS）框架与功能［J］. 中国安全生产科学技术, 2007（2）：3 - 7.

［40］刘铁民. 重大事故应急处置基本原则与程序［J］. 中国安全生产科学技术, 2007（3）：3 - 6.

［41］刘铁民. 突发事件应急指挥系统与联合指挥［J］. 中国公共安全. 学术版, 2006（1）：31 - 35.

［42］吕景胜, 郭晓来. 政府城市重大危机应急管理中的问题与对策：

以北京 7.21 大暴雨为案例视角［J］. 国家行政学院学报，2012 (5)：53-60.

[43] 陆玉麒，董平. 论长江三角洲城市群的功能定位［J］. 现代经济探讨，2007（1）：15-20.

[44] 罗守贵，高汝熹. 论我国城市政府危机管理模式的创新［J］. 软科学，2005（1）：49-52.

[45] 罗守贵，高汝熹. 大城市灾害事故综合管理模式研究［J］. 中国软科学，2002（3）：109-114.

[46] 莫靖龙，夏卫生，李景保，等. 湖南长株潭城市群灾害应急管理能力评价［J］. 灾害学，2009，24（3）：137-140.

[47] 马奔，王郅强，薛澜. 美国突发事件应急指挥体系（ICS）及其对中国的启示［C］//李平. 地方政府发展研究（第五辑2009）. 汕头：汕头大学出版社，2010：64-70.

[48] 潘开灵，白列湖. 管理协同倍增效应的系统思考［J］. 系统科学学报，2007（1）：70.

[49] 彭怡，邬文帅，等. 突发事件多目标动态应急决策研究综述［J］. 电子科技大学学报（社科版），2011（2）：37-41.

[50] 钱刚毅，佘廉，张凯. 重大公共安全事件的预警及应急管理：现实挑战与发展建议［J］. 科技进步与对策，2009（12）：25-28.

[51] 钱大琳，刘峰. 人机融合决策智能系统研究的多学科启示［J］. 系统工程理论与实践，2003（8）：130-135.

[52] 钱大琳. 基于组织层次的人机融合智能决策支持系统模型［J］. 北京交通大学学报，2005（3）：96-100.

[53] 任维德. 中国城市群地方政府府际关系研究［J］. 内蒙古大学学报（哲学社会科学版），2009（4）：30-35.

[54] 佘廉，王大勇，郭景涛. 基于业务持续的电网应急指挥系统研究［J］. 工程研究，2011（3）：75-81.

[55] 佘廉，程聪慧. 应急指挥过程中的业务持续管理研究：一种时序性流程的视角［J］. 电子政务，2014（2）：114-121.

[56] 佘廉，贺璇. 现场应急指挥的要素可靠性分析［J］. 电子政务，2013（6）：74-79.

[57] 佘廉，孙香勤. 国内外重大突发事件管理模式分析［J］. 交通企

业管理, 2005 (11): 11-12.

[58] 佘廉, 马颖, 王超. 我国政府重大突发事件预警管理的现状和完善研究 [J]. 管理评论, 2005 (11): 35-40.

[59] 佘廉, 吴国斌. 突发事件演化与应急决策研究 [J]. 交通企业管理, 2005 (12): 4-5.

[60] 佘廉, 蒋珩. 区域突发公共事件应急联动体系亟待建设 [J]. 武汉理工大学学报 (社会科学版), 2007 (2): 162-170.

[61] 佘廉. 区域突发公共事件应急联动体系研究 [J]. 武汉理工大学学报 (社会科学版), 2007 (5): 595-598.

[62] 佘廉, 王超. 我国政府重大突发事件预警管理的现状和完善研究 [J]. 管理评论, 2005 (11): 35-40.

[63] 沈正维, 王军. 关于自组织原理若干问题的讨论 [J]. 系统科学学报, 2006 (1): 14-18.

[64] 孙元明. 国内城市突发事件应急联动机制与平台建设研究 [J]. 重庆邮电大学学报 (社会科学版), 2007 (1): 59-65.

[65] 孙正, 赵颖. 关于突发事件的指挥与处置问题的几点思考 [J]. 中国行政管理, 2006 (11): 31-35.

[66] 宋劲松, 邓云峰. 中美德突发事件应急指挥组织结构初探 [J]. 中国行政管理, 2011 (1): 74-77.

[67] 唐伟勤. 我国城市突发事件应急联动模式探讨 [J]. 中国行政管理, 2008 (3): 78-82.

[68] 王超, 佘廉. 社会重大突发事件的预警管理模式研究 [J]. 武汉理工大学学报 (社会科学版), 2005 (1): 26-29.

[69] 王宏伟. 日本城市公共安全管理的经验与启示 [J]. 中国减灾, 2009 (8): 6-8.

[70] 王恒, 白光晗. 面向过程人机交互战略决策支持系统模型研究 [J]. 电脑与信息技术, 2009 (6): 19-21.

[71] 王德讯. 业务持续管理的国际比较研究 [J]. 世界经济与政治, 2008 (6): 74-80.

[72] 王自强, 王浣尘. 管理协同的核心要素 [J]. 经济理论与经济管理, 2005 (3): 50-51.

[73] 王广民, 万仲平, 王先甲. 二 (双) 层规划综述 [J]. 数学进

展，2007（5）：513－529．

[74] 吴次芳，鲍海君，徐保根．我国沿海城市的生态危机与调控机制：以长江三角洲城市群为例［J］．中国人口·资源与环境，2005，15（3）：32－37．

[75] 吴国斌，钱刚毅，雷丽萍．突发公共事件扩散影响因素及其关系探析［J］．武汉理工大学学报（社会科学版），2008（4）：465－469．

[76] 吴国斌，佘廉．突发事件演化模型与应急决策［J］．中国管理科学，2006（10）：827－830．

[77] 吴永波，沙基昌，谭东风．军事组织本体分析［J］．计算机工程与科学，2007（2）：132－134．

[78] 续新民，杨马陵，黄长林．珠江三角洲城市群地震灾害与防御［J］．灾害学，2006，21（4）：36－41．

[79] 许友国，阳东升，屈其仁．联合作战中指挥关系的优化设计方法［J］．军事运筹与系统工程，2012（1）：42－47．

[80] 阳东升，张维明，刘忠，等．C2组织的有效测度与设计［J］．自然科学进展，2005，15（3）：349－356．

[81] 阳东升，张维明，刘忠，等．C2组织结构设计：平台：任务关系设计［J］．火力与指挥控制，2006（3）：9－13．

[82] 阳东升，刘忠，张维明，等．组织描述方法研究［J］．系统工程理论与实践，2004（3）：1－7．

[83] 姚尚建．区域公共危机治理：逻辑与机制［J］．广西社会科学，2009（7）：79－83．

[84] 赵林度，杨世才．基于Multi－Agent的城际灾害应急管理信息和资源协同机制研究［J］．灾害学，2009（1）：139－143．

[85] 赵林度，孔强．基于知识管理的城际应急管理协同机制研究［J］．软科学，2009（6）：33－37．

[86] 赵林度．基于GIS的城市重大危险源应急管理协同机制［J］．城市技术，2007（6）：51－57．

[87] 赵林度，方超．基于电子政务的城际应急管理协同机制研究［J］．软科学，2008（9）：57－64．

[88] 赵林度．城市群协同应急决策生成理论研究［J］．东南大学学报（哲学社会科学版），2009（1）：49－55．

[89] 赵峰,姜德波. 长三角区域合作机制的经验借鉴与进一步发展思路 [J]. 中国行政管理, 2011 (2): 81-84.

[90] 张季风. 东日本大地震对日本经济与世界经济的影响 [J]. 中国社会科学院研究生院学报, 2011 (4): 123-131.

[91] 张良. 长江三角洲区域危机管理与合作治理 [J]. 人民论坛, 2013 (32): 82-83.

[92] 张欢,高娜. 我国跨域应急管理的现状与机遇 [J]. 减灾论坛, 2016 (1): 6-9.

[93] 郑辉,蔡竞,杨恒雨. 构建整体联动机制提高特大中心城市应急管理水平:成都市政府应急机制和管理结构研究 [J]. 四川行政学院学报, 2004 (5): 17-19.

[94] 郑双忠,邓云峰,刘铁民. 事故指挥系统的发展与框架分析 [J]. 中国安全生产科学技术, 2005 (4): 27-31.

[95] 钟开斌. 伦敦城市风险管理的主要做法与经验 [J]. 国家行政学院学报, 2011 (5): 113-117.

[96] 中共南京市委党校课题组. 关于南京城市应急管理机制建设的调查与思考 [J]. 中共南京市委党校南京市行政学院学报, 2005 (1): 81-85.

[97] 朱佳俊,郑建国. 群决策理论、方法及其应用研究的综述与展望 [J]. 管理学报, 2009 (8): 1131-1136.

[98] 祝江斌,王超,冯斌,罗珊珍. 城市重大突发事件的政府预警管理模式刍议 [J]. 湖北社会科学, 2006 (8): 45-47.

[99] 邹逸江. 城市应急联动系统的研究 [J]. 灾害学, 2007 (4): 128-133.

[100] 王勇. 用于电力行业决策支持的多 AGENT 技术研究 [D]. 上海:华东师范大学, 2007.

[101] 卜先锦. 指控单元战术协同效果分析、建模与应用 [D]. 长沙:国防科学技术大学, 2006.

[102] 蒋宗彩. 城市群公共危机应急决策理论与应对机制研究 [D]. 上海:上海大学, 2014.

[103] 马汶青. 区域城市群应急联动机制建设探析:基于珠三角城市群的思考 [D]. 广州:广州大学, 2012.

[104] 夏玮. 民航事故分析决策支持系统的研究与实现 [D]. 阜新：辽宁工程技术大学，2004.

[105] 郭景涛. 重大突发事件现场应急指挥制度的构建策略 [N]. 光明日报（理论版）. 2015-12-06（007）.

后　　记

　　新时代，政治、经济、社会、文化、环境等领域安全的联系日益紧密，公共安全与应急管理体系成为总体国家安全观的一个重要组成部分。2019年年底发生并蔓延全球的新冠肺炎疫情是中华人民共和国成立以来，传播速度最快、感染范围最广、防控难度最大的一次重大突发公共卫生事件。习近平总书记指出，这次抗击新冠肺炎疫情，是对国家治理体系和治理能力的一次大考。疫情发生后，总书记多次指示，要求研究和加强疫情防控工作，既要立足当前，科学精准打赢疫情防控阻击战，更要放眼长远，总结经验、吸取教训，针对这次疫情暴露出来的短板和不足，抓紧补短板、堵漏洞、强弱项，完善重大疫情防控体制机制，健全国家公共卫生应急管理体系。党的十九届四中全会审议通过的《中共中央关于坚持和完善中国特色社会主义制度、推进国家治理体系和治理能力现代化若干重大问题的决定》指出："构建统一指挥、专常兼备、反应灵敏、上下联动的应急管理体制，优化国家应急管理能力体系建设。"应急管理体系是国家治理体系的重要组成部分，而应急管理体系的核心则是应急管理体制。建立健全现代化的应急管理体制必须充分依托我国强大的制度优势，为全面提高应急管理效能提供强有力的制度保障和组织保障，进而推进应急管理体系和应急管理能力现代化。

　　重大公共安全事件发生之后，单个城市的应急资源、应急能力都是有限的，所以实现区域间应急资源的联动与共享就显得非常重要。本书的研究目标是实现城市群重大公共安全事件的应急指挥协同，选取应急指挥组织结构作为突破口，对城市群的重大公共安全事件应急指挥关系进行优化设计，从而实现城市群各结点城市之间的有效协作，构建最佳的城市群重大公共安全事件应急指挥组织结构。

　　中山大学出版社高惠贞、靳晓虹编辑对本书的编辑出版付出了诸多努力，在此表示感谢！

郭景涛

2020年3月1日